动画视频 + 全彩图解

汽车保险与理赔

卓幼义
熊敬彪 主编

化学工业出版社
·北京·

内容简介

本书精心选取了新版《中华人民共和国保险法》《机动车交通事故责任强制保险条例》和《中华人民共和国道路交通安全法实施条例》相关常识和实用内容，主要以全彩图解的形式进行介绍，对汽车保险与理赔知识及相关法律法规条文进行全面解读。书中涉及具体操作的内容配套有效果逼真的3D MP4动画演示视频讲解，可使读者在学习汽车保险与理赔相关法律法规条文过程中不再感到枯燥、难于记忆，轻松学习、理解和掌握。

本书适合汽车驾驶员、车主、驾驶培训学校及大专院校汽车保险相关专业师生，以及对道路交通安全法规、汽车保险法等法律法规感兴趣的读者阅读。

图书在版编目（CIP）数据

动画视频+全彩图解汽车保险与理赔/卓幼义，熊敬彪主编. —北京：化学工业出版社，2023.5
ISBN 978-7-122-42980-3

Ⅰ.①动… Ⅱ.①卓…②熊… Ⅲ.①汽车保险-理赔-中国-图解 Ⅳ.①F842.634-64

中国国家版本馆CIP数据核字（2023）第028479号

责任编辑：黄 滢 装帧设计：王晓宇
责任校对：王鹏飞

出版发行：化学工业出版社（北京市东城区青年湖南街13号 邮政编码100011）
印 装：北京瑞禾彩色印刷有限公司
710mm×1000mm 1/16 印张13 字数177千字
2024年1月北京第1版第1次印刷

购书咨询：010-64518888 售后服务：010-64518899
网 址：http://www.cip.com.cn
凡购买本书，如有缺损质量问题，本社销售中心负责调换。

定 价：69.80元

前言

随着国内私家车的日益普及和汽车驾驶员数量的与日俱增，车辆保险理赔与交通安全问题也越来越成为人们普遍关心的社会问题。

为帮助广大读者尽快熟悉和掌握汽车保险与理赔知识和相关法律法规基本常识，避免因自身缺少相关法律法规知识而造成不必要的人身安全和财产损失，以及减少由此带来的一些安全隐患和引发的一系列社会问题，在化学工业出版社的组织下，特编写了本书。

本书依据新版《中华人民共和国保险法》《机动车交通事故责任强制保险条例》和《中华人民共和国道路交通安全法实施条例》编写而成。书中精心选取了其中的常用与实用内容，以彩色图解的形式，对相关法律法规条文进行了全面解读。

全书内容共分9章。第1章介绍汽车保险的基本概念和相关保险产品；第2章介绍车辆投保知识，包括车险的选择、投保和续保原则与技巧等；第3章介绍车险事故处理和现场查勘知识；第4章介绍车辆定损知识，包括定损目的、定损项目、定损原则和车险核损等；第5章介绍车险赔偿知识，包括车险理算、赔付与结案等；第6章介绍车险拒赔知识，包括拒赔原因及拒赔典型案例；第7章介绍退保转保知识，包括退保以及保费转让的原则和技巧等；第8章介绍车险事故场景模拟知识，包括单方事故和双方事故；第9章介绍保险法律法规相关知识和重点法条的解读。

本书图片丰富，直观易懂；较复杂难懂的知识点配套MP4三维动画演示视频讲解，扫描书内相关章节的二维码即可观看。将图文内容和动画演示视频对照学习，有利于读者快速理解和掌握。

本书适合法律法规学习入门者使用，也可供相关院校和道路交通及驾驶培训机构组织日常教学、培训使用，对车辆保险、交通安全等相关法律法规感兴趣的读者也可参阅。

本书由卓幼义、熊敬彪主编，李威、刘婷副主编，吴小林、吉世、商杨伟、张晓娟参编。广东犇匠智能科技有限公司、佛山顺德矢崎汽车配件有限公司和云浮广崎汽车科技有限公司为本书的编写出版提供了大量技术支持，杜梦霞、刘晓莹、韦华丽、黄建希、田世豪、骆孝龙、刘进辉、李宁凯、黄展鸿还为本书的视频拍摄提供了宝贵的素材，在此一并表示衷心的感谢！

由于水平所限，书中难免有疏漏和不妥之处，敬请广大读者批评指正。

编者

目 录

第3章 车险事故 093

第4章 车辆定损 108

第9章 保险法律法规 181

配套视频目录（扫码观看）

第1章
走进汽车保险

1.1 车辆使用风险

1.1.1 风险的含义

风险是客观存在的，是不以人的意志为转移的，它的存在与客观环境及一定的时空条件有关，并伴随着人类活动的开展而存在。对于车辆使用来说风险有两层含义。

（1）可能存在损失

车辆可能存在的损失风险如图1-1-1所示。

（a）车辆外观损坏

（b）车辆性能异常

（c）车漆划伤

图 1-1-1　车辆可能存在的损失风险

（2）财产的损失是不确定的

所谓不确定性指是否发生、发生时间、发生空间、发生过程、结果、损失程度不确定（图1-1-2）。

图 1-1-2　车辆随时会发生损失

1.1.2 风险特性

（1）风险的客观性

风险是一种不以人们主观意志为转移的客观存在，无论人们是否意识到，它都存在。如自然界的地震、台风（图1-1-3）、洪水，新冠肺炎疫情、战争、意外事故等，都不以人的意志为转移。

图 1-1-3　台风天气

（2）风险的普遍性

风险是无处不在、无处不有的。人类社会自产生以来就面临着各种各样的风险。随着科学技术的发展、生产力的提高、社会的进步，新的风险不断产生，风险事故造成的损失也越来越大（图1-1-4）。

图 1-1-4　风险产生与损失的关系

（3）风险的偶然性

风险及其所引起的损失常以偶然的形式呈现在人们面前，对某一具体风险，何时、何地发生，损失程度如何，由谁来承担损失都是不确定的（图1-1-5）。

图 1-1-5　风险的偶然性

（4）风险的可变性

风险并不是一成不变的，在一定条件下是变化的，即风险的可变性是指风险的性质、程度、种类等在一定条件下的转变（图1-1-6）。

图 1-1-6　全球不断变化的经济格局

（5）风险的可测性

个别风险的发生是偶然的，但是通过对大量风险的观察可以发现，风险往往呈现出明显的规律性，表明风险是可测的（图 1-1-7）。

图 1-1-7　观察风险规律

1.1.3　风险分类

（1）根据风险的性质分类

❶ 纯粹风险：指只有损失机会而无获利可能的风险。例如当火灾事故发生时，房屋的主人便会遭受经济利益上的损失，而不会获得收益（图 1-1-8）。

图 1-1-8　火灾

❷ 投机风险：投机风险是指既有损失机会又有获利的可能。例如买彩票，就存在赚钱、赔钱和不赔不赚三种情况（图1-1-9）。

图1-1-9　买彩票

❸ 收益风险：指只会产生收益而不会导致损失的风险。例如接受教育可使每个人终身受益，但受教育程度不同工资却不相同，所以这也可以说是一种风险（图1-1-10）。

图1-1-10　受教育的方式

（2）根据风险对象分类

❶ 财产风险：指导致财产的损失、灭失或贬值的风险。例如事故车辆的贬值（图1-1-11）。

图 1-1-11 事故车辆的贬值

❷ 人身风险：指导致人的伤残、死亡、丧失劳动能力以及增加费用支出的风险（图1-1-12）。

图 1-1-12 意外工伤

❸ 责任风险：指因侵权或违约对他人遭受的人身伤亡或财产损失依法应负赔偿责任的风险。例如驾车不小心撞人，造成对方伤残或死亡，驾驶人面临的这种风险属于责任风险（图1-1-13）。

图 1-1-13　交通事故

❹ 信用风险：指在经济交往中，权利人与义务人之间，由于一方违约或违法致使对方遭受经济损失的风险。例如银行在放贷中，面临收不回来的风险（图1-1-14）。

图 1-1-14　银行放贷

（3）根据风险产生的原因分类

❶ 自然风险：例如地震（图 1-1-15）、火灾、水灾、风灾等，在各类风险中，自然风险是保险人承担最多的风险。

图 1-1-15 地震

❷ 社会风险：指由于个人的异常行为或不可预料的团体行为使社会生产及人民生活遭受损失的风险。例如盗抢、投机取巧等行为会对他人财产或人身造成损失（图 1-1-16）。

图 1-1-16 投机取巧

❸ 政治风险：指在对外投资和贸易过程中，因政治原因或订约双方所不能控制的原因，使债权人可能遭受损失的风险（图1-1-17）。

图 1-1-17　债务

❹ 经济风险：指在生产和销售过程中，受外在环境等因素的影响或经营者决策失误，导致经营失败的风险。例如受汇率变化影响，导致经济损失。

❺ 技术风险：指伴随着科学技术的发展、生产方式的改变而发生的风险。例如空气污染（图1-1-18）、核辐射等。

图 1-1-18　空气污染

（4）根据风险是否可被商业保险承保分类

❶ 可保风险：指可用商业保险方式加以管理的风险。财产保险、人身保险等都是可保风险（图1-1-19）。

图1-1-19　可保风险

❷ 不可保风险：指商业保险不予以承保的风险。动态风险、投机风险等都是不可保风险（图1-1-20）。

图1-1-20　不可保风险

（5）其他分类

根据风险造成的损失的多寡，可分为巨灾风险和巨额风险。巨灾风险指风险事故发生殃及的范围巨大的风险。巨额风险指标的物价值巨大，一旦该标的遭灾受损，损失金额也巨大的风险。

1.1.4　风险管理

（1）风险识别

风险识别是指在风险事故发生之前，人们运用各种方法系统地、连续地认识所面临的各种风险以及分析风险事故发生的潜在原因。

❶ 环境风险：由外部环境意外变化打乱企业预定的生产经营计划而产生的经济风险（图1-1-21）。

图1-1-21　环境意外变化

❷ 市场风险：市场结构发生意外变化，使企业无法按既定策略完成经营目标而带来的经济风险（图1-1-22）。

图 1-1-22　市场结构变化

❸ 技术风险：企业在技术创新的过程中，由于遇到技术、商业或者市场等因素的意外变化而导致的创新失败风险（图 1-1-23）。

图 1-1-23　技术攻关

❹ 生产风险：企业生产无法按预定成本完成生产计划而产生的风险（图1-1-24）。

图 1-1-24　生产计划

❺ 财务风险：企业收支状况发生意外变动给企业财务造成困难而引发的企业风险（图1-1-25）。

图 1-1-25　财务危机

❻ 人事风险：涉及企业人事管理方面的风险（图1-1-26）。

图 1-1-26　人员变动

（2）风险评估

风险评估是指在风险事件发生之前或之后（但还没有结束），该事件给人们的生活、生命、财产等各个方面造成的影响和损失的可能性进行量化评估的工作（图1-1-27）。

图 1-1-27　风险评估

风险评估的主要任务包括：

❶ 识别评估对象面临的各种风险；

❷ 评估风险概率和可能带来的负面影响；

❸ 确定组织承受风险的能力；

❹ 确定风险消减和控制的优先等级；

❺ 推荐风险消减对策。

（3）风险处理

对不同类型、不同规模、不同概率的风险，采取相应的对策、措施或方法，使风险损失对企业生产经营活动的影响降到最低限度的一种操作（图1-1-28）。

图 1-1-28　应对策略

❶ 规避风险：采用避免风险技术通常在两种情况下进行，一是某特定风险所致损失频率和损失幅度相当高时，二是在处理风险时其成本大于其产生的效益时。

❷ 预防风险：损失预防是指在风险损失发生前为了消除或减少可能引发损失的各种因素而采取的处理风险的具体措施，其目的在于通过消除或减少风险因素而达到降低损失发生频率的目的。

❸ 抑制风险：指在损失发生时或之后为了缩小损失幅度而采取的各项措施。

❹ 转移风险：单位或个人为避免承担风险损失，有意识地将损失或与损失有关的财务后果转嫁给另一个单位或个人承担的一种风险管理方式。

1.2 保险产品概述

1.2.1 车险定义

机动车辆保险即汽车保险（简称车险），是指对机动车辆由于自然灾害或意外事故所造成的人身伤亡或财产损失负赔偿责任的一种商业保险。其保险客户，主要是拥有各种机动交通工具的法人团体和个人（图1-2-1）。

图 1-2-1 保险客户

1.2.2 车险职能

组织经济补偿和实现保险金的给付是保险的基本职能，保险经济补偿是指在保险标的遭受损失后，保险人向被保险人提供经济补偿，使被保险人的财务状况恢复到损失之前的状态（图1-2-2）。

图 1-2-2　申请经济补偿

补偿原则的核心是使被保险人的保险利益受到的实际损失得到经济补偿，任何当事人均不应从损失事件中获得额外的好处。

1.2.3　车险险种

2020年9月，在中国银行保险监督管理委员会的指导下，中国保险行业协会组织行业力量对《机动车交通事故责任强制保险条款》及《机动车交通事故责任强制保险新费率浮动系数方案》进行修订；同时在征求多方意见的基础上，形成了《中国保险行业协会机动车商业保险示范条款（2020版）》等五个商业车险示范条款；针对新能源车辆，形成了《中国保险行业协会新能源汽车商业保险示范条款（试行）》。

我国汽车保险产品主要分为交强险和商业险两种，相关条款如下。

机动车交通事故责任强制保险条款

总　则

第一条　根据《中华人民共和国道路交通安全法》《中华人民共和国保险法》《机动车交通事故责任强制保险条例》等法律、行政法规，制定本条款。

第二条　机动车交通事故责任强制保险（以下简称交强险）合同由本条款与投保单、保险单、批单和特别约定共同组成。凡与交强险合同有关的约定，都应当采用书面形式。

第三条　交强险费率实行与被保险机动车道路交通安全违法行为、交通事故记录相联系的浮动机制。

签订交强险合同时，投保人应当一次支付全部保险费。保险费按照中国银行保险监督管理委员会（以下简称银保监会）批准的交强险费率计算。

定　义

第四条　交强险合同中的被保险人是指投保人及其允许的合法驾驶人（图 1-2-3）。

投保人是指与保险人订立交强险合同，并按照合同负有支付保险费义务的机动车的所有人、管理人。

图 1-2-3　机动车的合法驾驶人

第五条　交强险合同中的受害人是指因被保险机动车发生交通事故（图1-2-4）遭受人身伤亡或者财产损失的人，但不包括被保险机动车本车车上人员、被保险人。

图1-2-4　交通事故

第六条　交强险合同中的责任限额是指被保险机动车发生交通事故，保险人对每次保险事故所有受害人的人身伤亡和财产损失所承担的最高赔偿金额。责任限额分为死亡伤残赔偿限额、医疗费用赔偿限额、财产损失赔偿限额以及被保险人在道路交通事故中无责任的赔偿限额。其中无责任的赔偿限额分为无责任死亡伤残赔偿限额、无责任医疗费用赔偿限额以及无责任财产损失赔偿限额。

第七条　交强险合同中的抢救费用是指被保险机动车发生交通事故导致受害人受伤时，医疗机构对生命体征不平稳和虽然生命体征平稳但如果不采取处理措施会产生生命危险，或者导致残疾、器官功能障碍，或者导致病程明显延长的受害人，参照国务院卫生主管部门组织制定的交通事故人员创伤临床诊疗指南和国家基本医疗保险标准，采取必要的处理措施所发生的医疗费用。

保险责任

第八条　在中华人民共和国境内（不含香港、澳门、台湾地区），被保险人在使用被保险机动车的过程中发生交通事故，致使受害人遭受人身伤亡或者财产损失，依法应当由被保险人承担的损害赔偿责任，保险人按照交强险合同的约定对每次事故在下列赔偿限额内负责赔偿：

（一）死亡伤残赔偿限额为180000元；

（二）医疗费用赔偿限额为18000元；

（三）财产损失赔偿限额为2000元；

（四）被保险人无责任时，无责任死亡伤残赔偿限额为18000元，无责任医疗费用赔偿限额为1800元；无责任财产损失赔偿限额为100元。

死亡伤残赔偿限额和无责任死亡伤残赔偿限额项下负责赔偿丧葬费、死亡补偿费、受害人亲属办理丧葬事宜支出的交通费用、残疾赔偿金、残疾辅助器具费、护理费、康复费、交通费、被扶养人生活费、住宿费、误工费，被保险人依照法院判决或者调解承担的精神损害抚慰金（图1-2-5）。

图1-2-5　死亡伤残赔偿

医疗费用赔偿限额和无责任医疗费用赔偿限额项下负责赔偿医药费、诊疗费、住院费、住院伙食补助费，必要的、合理的后续治疗费、整容费、营养费。

垫付与追偿

第九条　被保险机动车在本条（一）至（四）之一的情形下发生交通事故，造成受害人受伤需要抢救的，保险人在接到公安机关交通管理部门的书面通知和医疗机构出具的抢救费用清单后，按照国务院卫生主管部门组织制定的交通事故人员创伤临床诊疗指南和国家基本医疗保险标准进行核实。对于符合规定的抢救费用，保险人在医疗费用赔偿限额内垫付。被保险人在交通事故中无责任的，保险人在无责任医疗费用赔偿限额内垫付。对于其他损失和费用，保险人不负责垫付和赔偿。

（一）驾驶人未取得驾驶资格的。

（二）驾驶人醉酒的。

（三）被保险机动车被盗抢（图1-2-6）期间肇事的。

（四）被保险人故意制造交通事故的。

对于垫付的抢救费用，保险人有权向致害人追偿。

图 1-2-6　机动车被盗抢

责任免除

第十条　下列损失和费用，交强险不负责赔偿和垫付：

（一）因受害人故意造成的交通事故的损失；

（二）被保险人所有的财产及被保险机动车上的财产遭受的损失；

（三）被保险机动车发生交通事故，致使受害人停业、停驶、停电、停水、停气、停产、通信或者网络中断、数据丢失、电压变化等造成的损失，以及受害人财产因市场价格变动造成的贬值、修理后因价值降低造成的损失等其他各种间接损失（图 1-2-7）；

图 1-2-7 汽车撞断电线杆

（四）因交通事故产生的仲裁或者诉讼费用以及其他相关费用。

保险期间

第十一条 除国家法律、行政法规另有规定外，交强险合同的保险期间为一年，以保险单载明的起止时间为准。

投保人、被保险人义务

第十二条 投保人投保时，应当如实填写投保单，向保险人如实告知重要事项，并提供被保险机动车的行驶证和驾驶证复印件。重要事项包括机动车的种类、厂牌型号、识别代码、号牌号码、使用性质和机动车所有人或者管理人的姓名（名称）、性别、年龄、住所、身份证或者驾驶证号码（统一社会信用代码）、续保前该机动车发生事故的情况以及银保监会规定的其他事项。

投保人未如实告知重要事项，对保险费计算有影响的，保险人按照保单年度重新核定保险费计收。

第十三条　签订交强险合同时，投保人不得在保险条款和保险费率之外，向保险人提出附加其他条件的要求。

第十四条　投保人续保的，应当提供被保险机动车上一年度交强险的保险单。

第十五条　在保险合同有效期内，被保险机动车因改装、加装、使用性质改变等导致危险程度增加的（图1-2-8），被保险人应当及时通知保险人，并办理批改手续。否则，险人按照保单年度重新核定保险费计收。

图1-2-8　汽车改装

第十六条　被保险机动车发生交通事故，被保险人应当及时采取合理、必要的施救和保护措施，并在事故发生后及时通知保险人。

第十七条　发生保险事故后，被保险人应当积极协助保险人进行现场查勘和事故调查。

发生与保险赔偿有关的仲裁或者诉讼时，被保险人应当及时书面通知保险人。

赔偿处理

第十八条　被保险机动车发生交通事故的，由被保险人向保险人申请赔偿保险金。被保险人索赔时，应当向保险人提供以下材料：

（一）交强险的保险单（图 1-2-9）；

图 1-2-9　交强险的保险单

（二）被保险人出具的索赔申请书；

（三）被保险人和受害人的有效身份证明、被保险机动车行驶证和驾驶人的驾驶证；

（四）公安机关交通管理部门出具的事故证明，或者人民法院等机构出具的有关法律文书及其他证明；

（五）被保险人根据有关法律法规规定选择自行协商方式处理交通事故的，应当提供依照《交通事故处理程序规定》规定的记录交通事故情况的协议书；

（六）受害人财产损失程度证明、人身伤残程度证明、相关医疗证明以及有关损失清单和费用单据；

（七）其他与确认保险事故的性质、原因、损失程度等有关的证明和资料。

第十九条　保险事故发生后，保险人按照国家有关法律法规规定的赔偿范围、项目和标准以及交强险合同的约定，并根据国务院卫生主管部门组织制定的交通事故人员创伤临床诊疗指南和国家基本医疗保险标准，在交强险的责任限额内核定人身伤亡的赔偿金额（图1-2-10）。

图1-2-10　国家基本医疗保险

第二十条　因保险事故造成受害人人身伤亡的，未经保险人书面同意，被保险人自行承诺或支付的赔偿金额，保险人在交强险责任限额内有权重新核定。因保险事故损坏的受害人财产需要修理的，被保险人应当在修理前会同保险人检验，协商确定修理或者更换项目、方式和费用。否则，保险人在交强险责任限额内有权重新核定。

第二十一条　被保险机动车发生涉及受害人受伤的交通事故，因抢救受害人需要保险人支付抢救费用的，保险人在接到公安机关交通管理部门的书面通知和医疗机构出具的抢救费用清单后，按照国务院卫生主管部门组织制定的交通事故人员创伤临床诊疗指南和国家基本医疗保险标准进行核实。对于符合规定的抢救费用，保险人在医疗费用赔偿限额内支付。被保险人在交通事故中无责任的，保险人在无责任医疗费用赔偿限额内支付。

合同变更与终止

第二十二条 在交强险合同有效期内，被保险机动车所有权发生转移的，投保人应当及时通知保险人，并办理交强险合同变更手续。

第二十三条 在下列三种情况下，投保人可以要求解除交强险合同：

（一）被保险机动车被依法注销登记的（图 1-2-11）；

图 1-2-11 被保险机动车被依法注销登记

（二）被保险机动车办理停驶的；

（三）被保险机动车经公安机关证实丢失的。交强险合同解除后，投保人应当及时将保险单、保险标志交还保险人；无法交回保险标志的，应当向保险人说明情况，征得保险人同意。

第二十四条 发生《机动车交通事故责任强制保险条例》所列明的投保人、保险人解除交强险合同的情况时，保险人按照日费率收取自保险责任开始之日起至合同解除之日止期间的保险费。

附　则

第二十五条　因履行交强险合同发生争议的，由合同当事人协商解决。协商不成的，提交保险单载明的仲裁委员会仲裁。保险单未载明仲裁机构或者争议发生后未达成仲裁协议的，可以向人民法院起诉。

第二十六条　交强险合同争议处理适用中华人民共和国法律。

第二十七条　本条款未尽事宜，按照《机动车交通事故责任强制保险条例》执行。

中国保险行业协会机动车商业保险示范条款（2020版）

总　则

第一条　本保险条款分为主险、附加险。

主险包括机动车损失保险、机动车第三者责任保险、机动车车上人员责任保险共三个独立的险种，投保人可以选择投保全部险种，也可以选择投保其中部分险种。保险人依照本保险合同的约定，按照承保险种分别承担保险责任（图1-2-12）。

附加险不能独立投保。附加险条款与主险条款相抵触的，以附加险条款为准，附加险条款未尽之处，以主险条款为准。

图1-2-12　汽车保险

第二条 本保险合同中的被保险机动车是指在中华人民共和国境内（不含香港、澳门、台湾地区）行驶，以动力装置驱动或者牵引，上道路行驶的供人员乘用或者用于运送物品以及进行专项作业的轮式车辆（含挂车）、履带式车辆和其他运载工具（图1-2-13），但不包括摩托车、拖拉机、特种车。

图 1-2-13 被保险机动车常见类型

第三条 本保险合同中的第三者是指因被保险机动车发生意外事故遭受人身伤亡或者财产损失的人，但不包括被保险机动车本车车上人员、被保险人。

第四条 本保险合同中的车上人员是指发生意外事故的瞬间，在被保险机动车车体内或车体上的人员，包括正在上下车的人员（图1-2-14）。

图 1-2-14 下车的人员

第五条 本保险合同中的各方权利和义务，由保险人、投保人遵循公平原则协商确定。保险人、投保人自愿订立本保险合同。

除本保险合同另有约定外，投保人应在保险合同成立时一次交清保险费。保险费未交清前，本保险合同不生效。

一、机动车损失保险

保险责任

第六条 保险期间内，被保险人或被保险机动车驾驶人（以下简称“驾驶人”）在使用被保险机动车过程中，因自然灾害、意外事故造成被保险机动车直接损失，且不属于免除保险人责任的范围，保险人依照本保险合同的约定负责赔偿（图1-2-15）。

图 1-2-15 地震自然灾害造成被保险机动车直接损失

第七条 保险期间内，被保险机动车被盗窃（图1-2-16）、抢劫、抢夺，经出险地县级以上公安刑侦部门立案证明，满60天未查明下落的全车损失，以及因被盗窃、抢劫、抢夺受到损坏造成的直接损失，且不属于免除保险人责任的范围，保险人依照本保险合同的约定负责赔偿。

图 1-2-16　汽车被盗窃

第八条　发生保险事故时，被保险人或驾驶人为防止或者减少被保险机动车的损失所支付的必要的、合理的施救费用，由保险人承担；施救费用数额在被保险机动车损失赔偿金额以外另行计算，最高不超过保险金额。

责任免除

第九条　在上述保险责任范围内，下列情况下，不论任何原因造成被保险机动车的任何损失和费用，保险人均不负责赔偿。

（一）事故发生后，被保险人或驾驶人故意破坏、伪造现场，毁灭证据（图 1-2-17）。

图 1-2-17　驾驶人伪造现场

（二）驾驶人有下列情形之一者：

1. 交通肇事逃逸（图1-2-18）；

图1-2-18　交通肇事逃逸

2. 饮酒、吸食或注射毒品、服用国家管制的精神药品或者麻醉药品；

3. 无驾驶证，驾驶证被依法扣留、暂扣、吊销、注销期间；

4. 驾驶与驾驶证载明的准驾车型不相符合的机动车。

（三）被保险机动车有下列情形之一者：

1. 发生保险事故时被保险机动车行驶证、号牌被注销；

2. 被扣留（图1-2-19）、收缴、没收期间；

图1-2-19　机动车被扣留

3.竞赛、测试期间，在营业性场所维修、保养、改装期间；

4.被保险人或驾驶人故意或重大过失，导致被保险机动车被利用从事犯罪行为。

第十条 下列原因导致的被保险机动车的损失和费用，保险人不负责赔偿：

（一）战争、军事冲突、恐怖活动、暴乱、污染（含放射性污染）、核反应、核辐射；

（二）违反安全装载规定；

（三）被保险机动车被转让、改装、加装或改变使用性质等，导致被保险机动车危险程度显著增加，且未及时通知保险人，因危险程度显著增加而发生保险事故的；

（四）投保人、被保险人或驾驶人故意制造保险事故。

第十一条 下列损失和费用，保险人不负责赔偿：

（一）因市场价格变动造成的贬值、修理后因价值降低引起的减值损失（图1-2-20）；

图1-2-20 汽车维修

（二）自然磨损、朽蚀、腐蚀、故障、本身质量缺陷；

（三）投保人、被保险人或驾驶人知道保险事故发生后，故意或者因重大过失未及时通知，致使保险事故的性质、原因、损失程度等难以确定的，保险人对无法确定的部分，不承担赔偿责任，但保险人通过其他途径已经知道或者应当及时知道保险事故发生的除外；

（四）因被保险人违反本条款第十五条约定，导致无法确定的损失；

（五）车轮单独损坏（图1-2-21），无明显碰撞痕迹的车身划痕，以及新增加设备的损失；

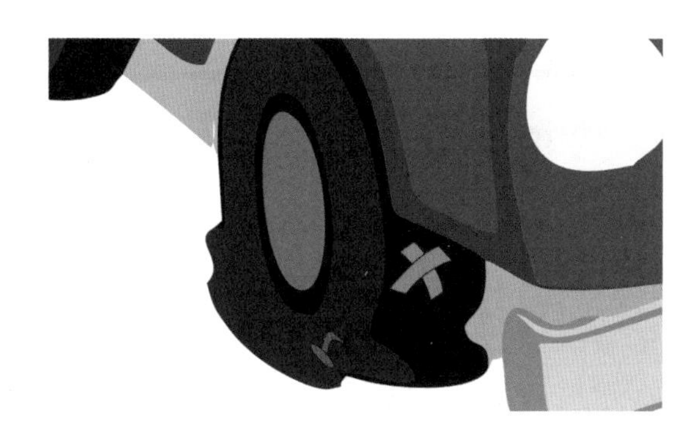

图1-2-21　车轮损坏

（六）非全车盗抢、仅车上零部件或附属设备被盗窃。

免赔额

第十二条　对于投保人与保险人在投保时协商确定绝对免赔额的，保险人在依据本保险合同约定计算赔款的基础上，增加每次事故绝对免赔额。

保险金额

第十三条　保险金额按投保时被保险机动车的实际价值确定。

投保时被保险机动车的实际价值由投保人与保险人根据投保时的新车购置价减去折旧金额后的价格协商确定或其他市场公允价值协商确定。

折旧金额可根据本保险合同列明的参考折旧系数表确定。

赔偿处理

第十四条 发生保险事故后，保险人依据本条款约定在保险责任范围内承担赔偿责任。赔偿方式由保险人与被保险人协商确定。

第十五条 因保险事故损坏的被保险机动车，修理前被保险人应当会同保险人检验，协商确定维修机构以及修理项目、方式和费用。无法协商确定的，双方委托共同认可的有资质的第三方进行评估（图 1-2-22）。

图 1-2-22 汽车维修评估

第十六条 被保险机动车遭受损失后的残余部分由保险人、被保险人协商处理。如责任归被保险人的，由双方协商确定其价值并在赔款中扣除。

第十七条 因第三方对被保险机动车的损害而造成保险事故，被保险人向第三方索赔的，保险人应积极协助；被保险人也可以直接向本保险人索赔，保险人在保险金额内先行赔付被保险人，并在赔偿金额内代位行使被保险人对第三方请求赔偿的权利（图 1-2-23）。

图 1-2-23　第三方赔付

被保险人已经从第三方取得损害赔偿的，保险人进行赔偿时，相应扣减被保险人从第三方已取得的赔偿金额。

保险人未赔偿之前，被保险人放弃对第三方请求赔偿的权利的，保险人不承担赔偿责任。

被保险人故意或者因重大过失致使保险人不能行使代位请求赔偿的权利的，保险人可以扣减或者要求返还相应的赔款。

保险人向被保险人先行赔付的，保险人向第三方行使代位请求赔偿的权利时，被保险人应当向保险人提供必要的文件和所知道的有关情况。

第十八条　机动车损失赔款按以下方法计算。

（一）全部损失：赔款=保险金额−被保险人已从第三方获得的赔偿金额−绝对免赔额。

（二）部分损失：被保险机动车发生部分损失，保险人按实际修复费用在保险金额内计算赔偿。赔款=实际修复费用−被保险人已从第三方获得的赔偿金额−绝对免赔额。

（三）施救费：施救的财产中，含有本保险合同之外的财产，应按本保险合同保险财产的实际价值占总施救财产的实际价值比例分摊施救费用。

第十九条 被保险机动车发生保险事故，导致全部损失，或一次赔款金额与免赔金额之和（不含施救费）达到保险金额，保险人按本保险合同约定支付赔款后，本保险责任终止，保险人不退还机动车损失保险及其附加险的保险费。

二、机动车第三者责任保险

保险责任

第二十条 保险期间内，被保险人或其允许的驾驶人在使用被保险机动车过程中发生意外事故，致使第三者遭受人身伤亡或财产直接损毁，依法应当对第三者承担的损害赔偿责任，且不属于免除保险人责任的范围，保险人依照本保险合同的约定，对于超过机动车交通事故责任强制保险各分项赔偿限额的部分负责赔偿（图1-2-24）。

图 1-2-24 致使第三者受伤

第二十一条　保险人依据被保险机动车一方在事故中所负的事故责任比例，承担相应的赔偿责任（图1-2-25）。

图1-2-25　事故责任划分

被保险人或被保险机动车一方根据有关法律法规选择自行协商或由公安机关交通管理部门处理事故，但未确定事故责任比例的，按照下列规定确定事故责任比例：

1.被保险机动车一方负主要事故责任的，事故责任比例为70%；

2.被保险机动车一方负同等事故责任的，事故责任比例为50%；

3.被保险机动车一方负次要事故责任的，事故责任比例为30%。

4.涉及司法或仲裁程序的，以法院或仲裁机构最终生效的法律文书为准。

责任免除

第二十二条　在上述保险责任范围内，下列情况下，不论任何原因造成的人身伤亡、财产损失和费用，保险人均不负责赔偿。

（一）事故发生后，被保险人或驾驶人故意破坏、伪造现场，毁灭证据。

（二）驾驶人有下列情形之一者：

1. 交通肇事逃逸；

2. 饮酒、吸食或注射毒品（图1-2-26）、服用国家管制的精神药品或者麻醉药品；

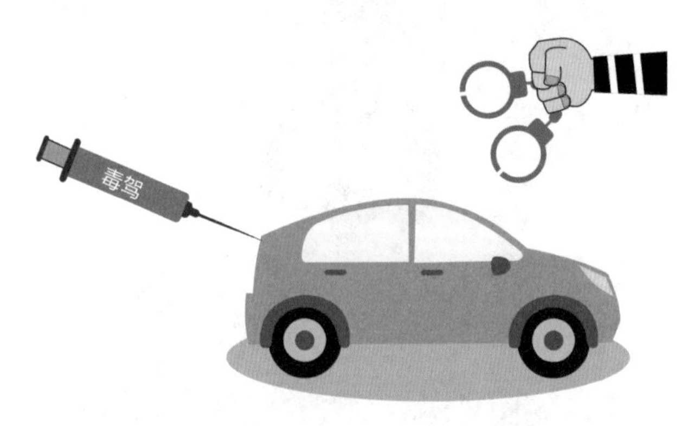

图1-2-26　毒驾

3. 无驾驶证，驾驶证被依法扣留、暂扣、吊销、注销期间；

4. 驾驶与驾驶证载明的准驾车型不相符合的机动车；

5. 非被保险人允许的驾驶人。

（三）被保险机动车有下列情形之一者：

1. 发生保险事故时被保险机动车行驶证、号牌被注销的；

2. 被扣留、收缴、没收期间；

3. 竞赛、测试期间，在营业性场所维修、保养、改装期间（图1-2-27）；

图1-2-27　车辆维修

4.全车被盗窃、被抢劫、被抢夺、下落不明期间。

第二十三条　下列原因导致的人身伤亡、财产损失和费用，保险人不负责赔偿：

（一）战争、军事冲突、恐怖活动、暴乱、污染（含放射性污染）、核反应、核辐射；

（二）第三者、被保险人或驾驶人故意制造保险事故的犯罪行为，第三者与被保险人或其他致害人恶意串通的行为；

（三）被保险机动车被转让、改装、加装或改变使用性质等（图1-2-28），导致被保险机动车危险程度显著增加，且未及时通知保险人，因危险程度显著增加而发生保险事故的。

图 1-2-28　改变使用性质

第二十四条　下列人身伤亡、财产损失和费用，保险人不负责赔偿：

（一）被保险机动车发生意外事故，致使任何单位或个人停业、停驶、停电、停水、停气、停产、通信或网络中断、电压变化、数据丢失造成的损失，以及其他各种间接损失；

（二）第三者财产因市场价格变动造成的贬值，修理后因价值降低引起的减值损失；

（三）被保险人及其家庭成员、驾驶人及其家庭成员所有、承租、使用、管理、运输或代管的财产的损失，以及本车上财产的损失；

（四）被保险人、驾驶人、本车车上人员的人身伤亡；

（五）停车费、保管费、扣车费、罚款、罚金或惩罚性赔款（图1-2-29）；

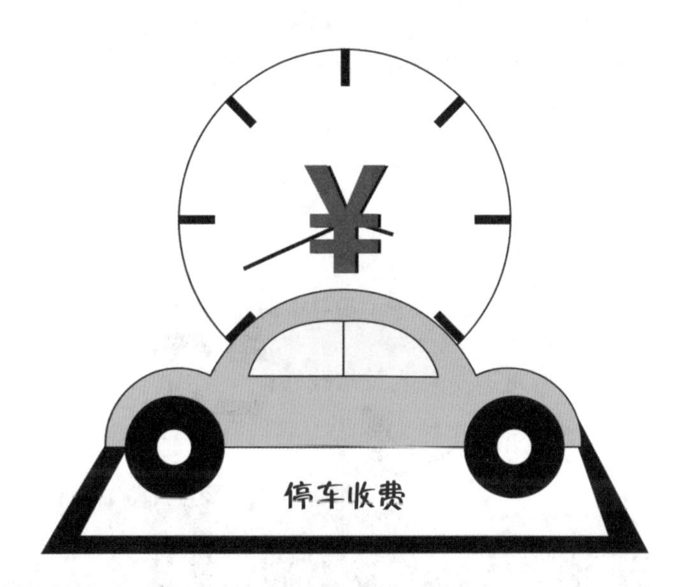

图 1-2-29 停车费

（六）超出《道路交通事故受伤人员临床诊疗指南》和国家基本医疗保险同类医疗费用标准的费用部分；

（七）律师费，未经保险人事先书面同意的诉讼费、仲裁费；

（八）投保人、被保险人或驾驶人知道保险事故发生后，故意或者因重大过失未及时通知，致使保险事故的性质、原因、损失程度等难以确定的，保险人对无法确定的部分，不承担赔偿责任，但保险人通过其他途径已经知道或者应当及时知道保险事故发生的除外；

（九）因被保险人违反本条款第二十八条约定，导致无法确定的损失；

（十）精神损害抚慰金（图1-2-30）；

图1-2-30 精神损害抚慰金

（十一）应当由机动车交通事故责任强制保险赔偿的损失和费用。

保险事故发生时，被保险机动车未投保机动车交通事故责任强制保险或机动车交通事故责任强制保险合同已经失效的，对于机动车交通事故责任强制保险责任限额以内的损失和费用，保险人不负责赔偿。

责任限额

第二十五条 每次事故的责任限额，由投保人和保险人在签订本保险合同时协商确定。

第二十六条 主车和挂车连接使用时视为一体，发生保险事故时，由主车保险人和挂车保险人按照保险单上载明的机动车第三者责任保险责任限额的比例，在各自的责任限额内承担赔偿责任。

赔偿处理

第二十七条 保险人对被保险人或其允许的驾驶人给第三者造成的损害，可以直接向该第三者赔偿。

被保险人或其允许的驾驶人给第三者造成损害，对第三者应负的赔偿责任确定的，根据被保险人的请求，保险人应当直接向该第三者赔偿。被保险人怠于请求的，第三者就其应获赔偿部分直接向保险人请求赔偿的，保险人可以直接向该第三者赔偿（图 1-2-31）。

被保险人或其允许的驾驶人给第三者造成损害，未向该第三者赔偿的，保险人不得向被保险人赔偿。

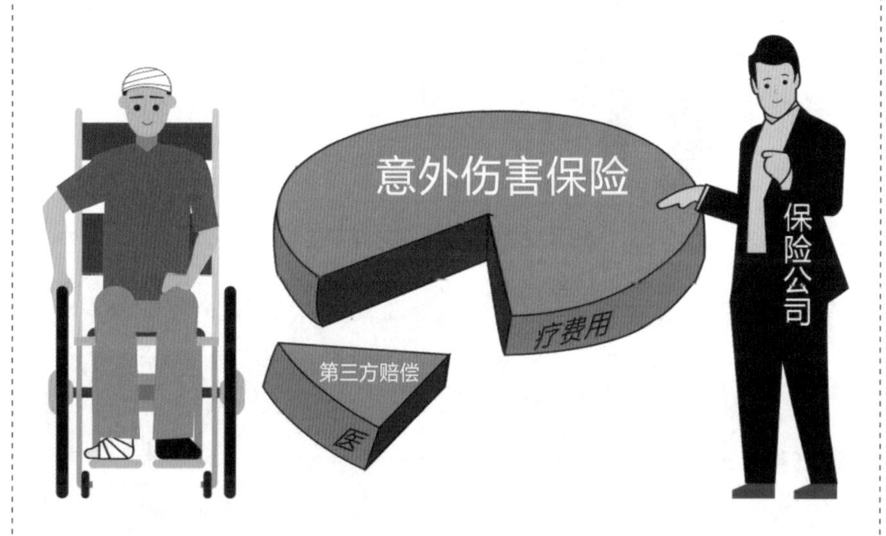

图 1-2-31 赔偿第三者

第二十八条 发生保险事故后，保险人依据本条款约定在保险责任范围内承担赔偿责任。赔偿方式由保险人与被保险人协商确定。

因保险事故损坏的第三者财产，修理前被保险人应当会同保险人检验，协商确定维修机构以及修理项目、方式和费用。无法协商确定的，双方委托共同认可的有资质的第三方进行评估（图 1-2-32）。

图 1-2-32 评估事故车维修费

第二十九条 赔款计算。

（一）当（依合同约定核定的第三者损失金额–机动车交通事故责任强制保险的分项赔偿限额）× 事故责任比例等于或高于每次事故责任限额时：

赔款=每次事故责任限额。

（二）当（依合同约定核定的第三者损失金额–机动车交通事故责任强制保险的分项赔偿限额）× 事故责任比例低于每次事故责任限额时：

赔款=（依合同约定核定的第三者损失金额–机动车交通事故责任强制保险的分项赔偿限额）× 事故责任比例。

第三十条 保险人按照《道路交通事故受伤人员临床诊疗指南》和国家基本医疗保险的同类医疗费用标准核定医疗费用的赔偿金额。

未经保险人书面同意，被保险人自行承诺或支付的赔偿金额，保险人有权重新核定。不属于保险人赔偿范围或超出保险人应赔偿金额的，保险人不承担赔偿责任。

三、机动车车上人员责任保险

保险责任

第三十一条 保险期间内，被保险人或其允许的驾驶人在使用

被保险机动车过程中发生意外事故，致使车上人员遭受人身伤亡，且不属于免除保险人责任的范围，依法应当对车上人员承担的损害赔偿责任，保险人依照本保险合同的约定负责赔偿（图1-2-33）。

图1-2-33　对车上人员承担的损害赔偿责任

第三十二条　保险人依据被保险机动车一方在事故中所负的事故责任比例，承担相应的赔偿责任。

被保险人或被保险机动车一方根据有关法律法规选择自行协商或由公安机关交通管理部门处理事故，但未确定事故责任比例的，按照下列规定确定事故责任比例：

1.被保险机动车一方负主要事故责任的，事故责任比例为70%；

2.被保险机动车一方负同等事故责任的，事故责任比例为50%；

3.被保险机动车一方负次要事故责任的，事故责任比例为30%；

4.涉及司法或仲裁程序的，以法院或仲裁机构最终生效的法律文书为准。

责任免除

第三十三条　在上述保险责任范围内，下列情况下，不论任何原因造成的人身伤亡，保险人均不负责赔偿。

（一）事故发生后，被保险人或驾驶人故意破坏、伪造现场（图1-2-34），毁灭证据。

图 1-2-34　伪造现场

（二）驾驶人有下列情形之一者：

1. 交通肇事逃逸（图 1-2-35）；

图 1-2-35　交通肇事逃逸

2.饮酒、吸食或注射毒品、服用国家管制的精神药品或者麻醉药品；

3.无驾驶证，驾驶证被依法扣留、暂扣、吊销、注销期间；

4.驾驶与驾驶证载明的准驾车型不相符合的机动车；

5.非被保险人允许的驾驶人。

（三）被保险机动车有下列情形之一者：

1.发生保险事故时被保险机动车行驶证、号牌被注销的；

2.被扣留、收缴、没收期间；

3.竞赛、测试期间，在营业性场所维修、保养、改装期间；

4.全车被盗窃、被抢劫、被抢夺、下落不明期间。

第三十四条 下列原因导致的人身伤亡，保险人不负责赔偿：

（一）战争、军事冲突、恐怖活动、暴乱、污染（含放射性污染）、核反应、核辐射（图1-2-36）；

图1-2-36 核辐射

（二）被保险机动车被转让、改装、加装或改变使用性质等，导致被保险机动车危险程度显著增加，且未及时通知保险人，因危险程度显著增加而发生保险事故的；

（三）投保人、被保险人或驾驶人故意制造保险事故。

第三十五条　下列人身伤亡、损失和费用，保险人不负责赔偿：

（一）被保险人及驾驶人以外的其他车上人员的故意行为造成的自身伤亡；

（二）车上人员因疾病、分娩、自残、斗殴、自杀、犯罪行为造成的自身伤亡；

（三）罚款、罚金或惩罚性赔款；

（四）超出《道路交通事故受伤人员临床诊疗指南》和国家基本医疗保险同类医疗费用标准的费用部分；

（五）律师费，未经保险人事先书面同意的诉讼费、仲裁费；

（六）投保人、被保险人或驾驶人知道保险事故发生后，故意或者因重大过失未及时通知，致使保险事故的性质、原因、损失程度等难以确定的，保险人对无法确定的部分，不承担赔偿责任，但保险人通过其他途径已经知道或者应当及时知道保险事故发生的除外；

（七）精神损害抚慰金；

（八）应当由机动车交通事故责任强制保险赔付的损失和费用。

责任限额

第三十六条　驾驶人每次事故责任限额和乘客每次事故每人责任限额由投保人和保险人在投保时协商确定。投保乘客座位数按照被保险机动车的核定载客数（驾驶人座位除外）确定。

赔偿处理

第三十七条　赔款计算。

（一）对每座的受害人，当（依合同约定核定的每座车上人员人身伤亡损失金额–应由机动车交通事故责任强制保险赔偿的金额）×事故责任比例高于或等于每次事故每座责任限额时：

赔款=每次事故每座责任限额。

（二）对每座的受害人，当（依合同约定核定的每座车上人员人身伤亡损失金额–应由机动车交通事故责任强制保险赔偿的金额）×事故责任比例低于每次事故每座责任限额时：

赔款=（依合同约定核定的每座车上人员人身伤亡损失金额–应由机动车交通事故责任强制保险赔偿的金额）×事故责任比例。

第三十八条 保险人按照《道路交通事故受伤人员临床诊疗指南》和国家基本医疗保险的同类医疗费用标准核定医疗费用的赔偿金额。

未经保险人书面同意，被保险人自行承诺或支付的赔偿金额，保险人有权重新核定。不属于保险人赔偿范围或超出保险人应赔偿金额的，保险人不承担赔偿责任。

四、通用条款

保险期限

第三十九条 除另有约定外，保险期间为一年，以保险单载明的起讫时间为准。

其他事项

第四十条 发生保险事故时，被保险人或驾驶人应当及时采取合理的、必要的施救和保护措施，防止或者减少损失（图1-2-37），并在保险事故发生后48小时内通知保险人。

图1-2-37 对车辆救火

被保险机动车全车被盗抢的，被保险人知道保险事故发生后，应在24小时内向出险当地公安刑侦部门报案，并通知保险人。

被保险人索赔时，应当向保险人提供与确认保险事故的性质、原因、损失程度等有关的证明和资料。

被保险人应当提供保险单（图1-2-38）、损失清单、有关费用单据、被保险机动车行驶证和发生事故时驾驶人的驾驶证。

图1-2-38 汽车保险单

属于道路交通事故的，被保险人应当提供公安机关交通管理部门或法院等机构出具的事故证明、有关的法律文书（判决书、调解书、裁定书、裁决书等）及其他证明。被保险人或其允许的驾驶人根据有关法律法规规定选择自行协商方式处理交通事故的，被保险人应当提供依照《道路交通事故处理程序规定》签订记录交通事故情况的协议书。

被保险机动车被盗抢的，被保险人索赔时，须提供保险单、损失清单、有关费用单据、《机动车登记证书》、机动车来历凭证以及出险当地县级以上公安刑侦部门出具的盗抢立案证明。

第四十一条 保险人按照本保险合同的约定，认为被保险人索赔提供的有关证明和资料不完整的，应当及时一次性通知被保险人补充提供。

第四十二条 保险人收到被保险人的赔偿请求后，应当及时做出核定；情形复杂的，应当在三十日内做出核定。保险人应当将核定结果通知被保险人；对属于保险责任的，在与被保险人达成赔偿协议后十日内，履行赔偿义务。保险合同对赔偿期限另有约定的，保险人应当按照约定履行赔偿义务。

保险人未及时履行前款约定义务的，除支付赔款外，应当赔偿被保险人因此受到的损失。

第四十三条 保险人依照本条款第四十二条的约定做出核定后，对不属于保险责任的，应当自做出核定之日起三日内向被保险人发出拒绝赔偿通知书，并说明理由。

第四十四条 保险人自收到赔偿请求和有关证明、资料之日起六十日内，对其赔偿数额不能确定的，应当根据已有证明和资料可以确定的数额先予支付；保险人最终确定赔偿数额后，应当支付相应的差额（图1-2-39）。

图1-2-39 保险理赔

第四十五条　保险人受理报案、现场查勘、核定损失、参与诉讼、进行抗辩、要求被保险人提供证明和资料、向被保险人提供专业建议等行为，均不构成保险人对赔偿责任的承诺。

第四十六条　在保险期间内，被保险机动车转让他人的，受让人承继被保险人的权利和义务。被保险人或者受让人应当及时通知保险人，并及时办理保险合同变更手续。

因被保险机动车转让导致被保险机动车危险程度发生显著变化的，保险人自收到前款约定的通知之日起三十日内，可以相应调整保险费或者解除本保险合同。

第四十七条　保险责任开始前，投保人要求解除本保险合同的，应当向保险人支付应交保险费金额3%的退保手续费，保险人应当退还保险费。

保险责任开始后，投保人要求解除本保险合同的，自通知保险人之日起，本保险合同解除。保险人按日收取自保险责任开始之日起至合同解除之日止期间的保险费，并退还剩余部分保险费（图1-2-40）。

图 1-2-40　汽车保险退保

第四十八条 因履行本保险合同发生的争议，由当事人协商解决，协商不成的，由当事人从下列两种合同争议解决方式中选择一种，并在本保险合同中载明：

（一）提交保险单载明的仲裁委员会仲裁；

（二）依法向人民法院起诉。

本保险合同适用中华人民共和国法律（不含香港、澳门、台湾地区法律）。

附加险

附加险条款的法律效力优于主险条款。附加险条款未尽事宜，以主险条款为准。除附加险条款另有约定外，主险中的责任免除、双方义务同样适用于附加险。主险保险责任终止的，其相应的附加险保险责任同时终止。

1. 附加绝对免赔率特约条款。

2. 附加车轮单独损失险（图 1-2-41）。

图 1-2-41　附加车轮单独损失险

3. 附加新增加设备损失险。

4. 附加车身划痕损失险。

5. 附加修理期间费用补偿险。

6. 附加发动机进水损坏除外特约条款（图 1-2-42）。

图 1-2-42 附加发动机进水损坏除外特约条款

7. 附加车上货物责任险。

8. 附加精神损害抚慰金责任险（图 1-2-43）。

图 1-2-43 附加精神损害抚慰金

9. 附加法定节假日限额翻倍险。

10. 附加医保外医疗费用责任险。

11. 附加机动车增值服务特约条款。

附加绝对免赔率特约条款

绝对免赔率为5%、10%、15%、20%，由投保人和保险人在投保时协商确定，具体以保险单载明为准。

被保险机动车发生主险约定的保险事故，保险人按照主险的约定计算赔款后，扣减本特约条款约定的免赔，即：主险实际赔款=按主险约定计算的赔款×（1−绝对免赔率）。

附加车轮单独损失险

投保了机动车损失保险的机动车，可投保本附加险。

第一条 保险责任

保险期间内，被保险人或被保险机动车驾驶人在使用被保险机动车过程中，因自然灾害、意外事故，导致被保险机动车未发生其他部位的损失，仅有车轮（含轮胎、轮毂、轮毂罩）单独的直接损失，且不属于免除保险人责任的范围，保险人依照本附加险合同的约定负责赔偿。

第二条 责任免除

（一）车轮（含轮胎、轮毂、轮毂罩）的自然磨损、朽蚀、腐蚀、故障、本身质量缺陷。

（二）未发生全车盗抢，仅车轮单独丢失（图1-2-44）。

图1-2-44　车轮单独丢失

第三条　保险金额

保险金额由投保人和保险人在投保时协商确定。

第四条　赔偿处理

（一）发生保险事故后，保险人依据本条款约定在保险责任范围内承担赔偿责任。赔偿方式由保险人与被保险人协商确定。

（二）赔款＝实际修复费用–被保险人已从第三方获得的赔偿金额。

（三）在保险期间内，累计赔款金额达到保险金额，本附加险保险责任终止。

附加新增加设备损失险

投保了机动车损失保险的机动车，可投保本附加险。

第一条　保险责任

保险期间内，投保了本附加险的被保险机动车因发生机动车损失保险责任范围内的事故，造成车上新增加设备的直接损毁，保险人在保险单载明的本附加险的保险金额内，按照实际损失计算赔偿。

第二条　保险金额

保险金额根据新增加设备投保时的实际价值确定。新增加设备的实际价值是指新增加设备的购置价减去折旧金额后的金额。

第三条　赔偿处理

发生保险事故后，保险人依据本条款约定在保险责任范围内承担赔偿责任。赔偿方式由保险人与被保险人协商确定。

赔款＝实际修复费用–被保险人已从第三方获得的赔偿金额。

附加车身划痕损失险

投保了机动车损失保险的机动车，可投保本附加险。

第一条　保险责任

保险期间内，被保险机动车在被保险人或被保险机动车驾驶人使用过程中，发生无明显碰撞痕迹的车身划痕损失（图1-2-45），保险人按照保险合同约定负责赔偿。

图 1-2-45 车身划痕

第二条 责任免除

（一）被保险人及其家庭成员、驾驶人及其家庭成员的故意行为造成的损失。

（二）因投保人、被保险人与他人的民事、经济纠纷导致的任何损失。

（三）车身表面自然老化、损坏、腐蚀造成的任何损失。

第三条 保险金额

保险金额为2000元、5000元、10000元或20000元，由投保人和保险人在投保时协商确定。

第四条 赔偿处理

（一）发生保险事故后，保险人依据本条款约定在保险责任范围内承担赔偿责任，赔偿方式由保险人与被保险人协商确定。

赔款＝实际修复费用–被保险人已从第三方获得的赔偿金额。

（二）在保险期间内，累计赔款金额达到保险金额，本附加险保险责任终止。

附加修理期间费用补偿险

投保了机动车损失保险的机动车，可投保本附加险。

第一条　保险责任

保险期间内，投保了本条款的机动车在使用过程中，发生机动车损失保险责任范围内的事故，造成车身损毁，致使被保险机动车停驶，保险人按保险合同约定，在保险金额内向被保险人补偿修理（图1-2-46）期间费用，作为代步车费用或弥补停驶损失。

图1-2-46　汽车维修

第二条　责任免除

下列情况下，保险人不承担修理期间费用补偿：

（一）因机动车损失保险责任范围以外的事故而致被保险机动车的损毁或修理；

（二）在非保险人认可的修理厂修理时，因车辆修理质量不合要求造成返修；

（三）被保险人或驾驶人拖延车辆送修期间。

第三条　保险金额

本附加险保险金额=补偿天数×日补偿金额。补偿天数及日补偿金额由投保人与保险人协商确定并在保险合同中载明，保险期间内约定的补偿天数最高不超过90天。

第四条 赔偿处理

全车损失，按保险单载明的保险金额计算赔偿；部分损失，在保险金额内按约定的日补偿金额乘以从送修之日起至修复之日止的实际天数计算赔偿，实际天数超过双方约定修理天数的，以双方约定的修理天数为准。

保险期间内，累计赔款金额达到保险单载明的保险金额，本附加险保险责任终止。

附加发动机进水损坏除外特约条款

投保了机动车损失保险的机动车，可投保本附加险。

保险期间内，投保了本附加险的被保险机动车在使用过程中，因发动机进水后导致发动机的直接损毁，保险人不负责赔偿（图1-2-47）。

图1-2-47 汽车发动机进水

附加车上货物责任险

投保了机动车第三者责任保险的营业货车（含挂车）（图1-2-48），可投保本附加险。

图 1-2-48 货车拉货

第一条 保险责任

保险期间内，发生意外事故致使被保险机动车所载货物遭受直接损毁，依法应由被保险人承担的损害赔偿责任，保险人负责赔偿。

第二条 责任免除

（一）偷盗、哄抢、自然损耗、本身缺陷、短少、死亡、腐烂、变质、串味、生锈、动物走失、飞失、货物自身起火燃烧或爆炸造成的货物损失。

（二）违法、违章载运造成的损失（图 1-2-49）。

图 1-2-49 违章载运

（三）因包装、紧固不善，装载、遮盖不当导致的任何损失。

（四）车上人员携带的私人物品的损失。

（五）保险事故导致的货物减值、运输延迟、营业损失及其他各种间接损失。

（六）法律、行政法规禁止运输的货物的损失。

第三条 责任限额

责任限额由投保人和保险人在投保时协商确定。

第四条 赔偿处理

（一）被保险人索赔时，应提供运单、起运地货物价格证明等相关单据。保险人在责任限额内按起运地价格计算赔偿。

（二）发生保险事故后，保险人依据本条款约定在保险责任范围内承担赔偿责任，赔偿方式由保险人与被保险人协商确定。

附加精神损害抚慰金责任险

投保了机动车第三者责任保险或机动车车上人员责任保险的机动车，可投保本附加险。

在投保人仅投保机动车第三者责任保险的基础上附加本附加险时，保险人只负责赔偿第三者的精神损害抚慰金；在投保人仅投保机动车车上人员责任保险的基础上附加本附加险时，保险人只负责赔偿车上人员的精神损害抚慰金（图 1-2-50）。

图 1-2-50 精神损害抚慰金

第一条　保险责任

保险期间内，被保险人或其允许的驾驶人在使用被保险机动车的过程中，发生投保的主险约定的保险责任内的事故，造成第三者或车上人员的人身伤亡，受害人据此提出精神损害赔偿请求，保险人依据法院判决及保险合同约定，对应由被保险人或被保险机动车驾驶人支付的精神损害抚慰金，在扣除机动车交通事故责任强制保险应当支付的赔款后，在本保险赔偿限额内负责赔偿。

第二条　责任免除

（一）根据被保险人与他人的合同协议，应由他人承担的精神损害抚慰金。

（二）未发生交通事故，仅因第三者或本车人员的惊恐而引起的损害。

（三）怀孕妇女的流产发生在交通事故发生之日起30天以外的。

第三条　赔偿限额

本保险每次事故赔偿限额由保险人和投保人在投保时协商确定。

第四条　赔偿处理

本附加险赔偿金额依据生效法律文书或当事人达成且经保险人认可的赔付协议，在保险单所载明的赔偿限额内计算赔偿。

附加法定节假日限额翻倍险

投保了机动车第三者责任保险的家庭自用汽车，可投保本附加险。

保险期间内，被保险人或其允许的驾驶人在法定节假日期间使用被保险机动车发生机动车第三者责任保险范围内的事故，并经公安部门或保险人查勘确认的，被保险机动车第三者责任保险所适用的责任限额在保险单载明的基础上增加一倍。

附加医保外医疗费用责任险

投保了机动车第三者责任保险或机动车车上人员责任保险的机动车，可投保本附加险。

第一条 保险责任

保险期间内，被保险人或其允许的驾驶人在使用被保险机动车的过程中，发生主险保险事故，对于被保险人依照中华人民共和国法律（不含香港、澳门、台湾地区法律）应对第三者或车上人员承担的医疗费用，保险人对超出《道路交通事故受伤人员临床诊疗指南》和国家基本医疗保险同类医疗费用标准的部分负责赔偿（图1-2-51）。

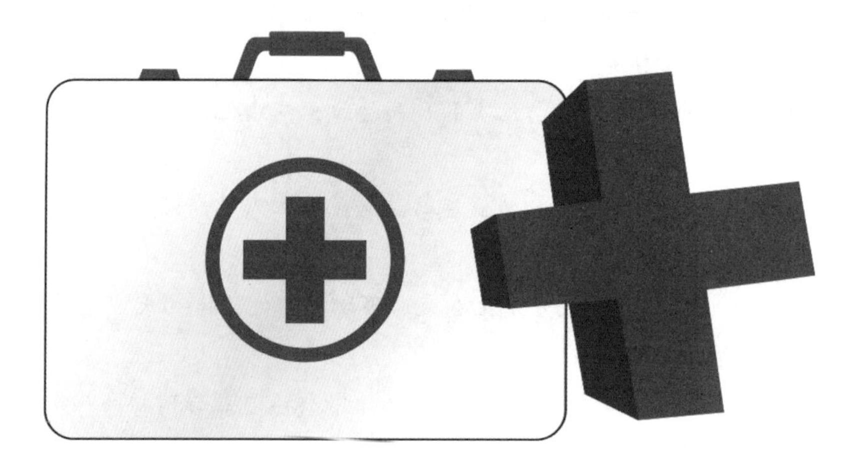

图1-2-51 医保外医疗

第二条 责任免除

下列损失、费用，保险人不负责赔偿：

（一）在相同保障的其他保险项下可获得赔偿的部分；

（二）所诊治伤情与主险保险事故无关联的医疗、医药费用；

（三）特需医疗类费用。

第三条 赔偿限额

赔偿限额由投保人和保险人在投保时协商确定，并在保险单中载明。

第四条 赔偿处理

被保险人索赔时，应提供由具备医疗机构执业许可的医院或药品经营许可的药店出具的、足以证明各项费用赔偿金额的相关单据。

保险人根据被保险人实际承担的责任，在保险单载明的责任限额内计算赔偿。

附加机动车增值服务特约条款

第一条 投保了机动车保险后，可投保本特约条款。

第二条 本特约条款包括道路救援服务特约条款、车辆安全检测特约条款、代为驾驶服务特约条款、代为送检服务特约条款共四个独立的特约条款，投保人可以选择投保全部特约条款，也可以选择投保其中部分特约条款。保险人依照保险合同的约定，按照承保特约条款分别提供增值服务。

道路救援服务特约条款

第三条 服务范围

保险期间内，被保险机动车在使用过程中发生故障而丧失行驶能力时，保险人或其受托人根据被保险人请求，向被保险人提供如下道路救援服务：

（一）单程50千米以内拖车（图1-2-52）；

图1-2-52 拖车

（二）送油、送水、送防冻液、搭电；

（三）轮胎充气（图1-2-53）、更换轮胎；

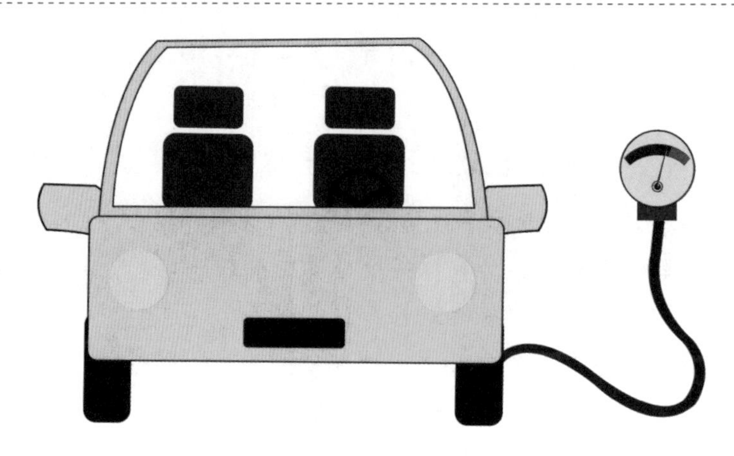

图 1-2-53　轮胎充气

（四）车辆脱离困境所需的拖拽、吊车。

第四条　责任免除

（一）根据所在地法律法规、行政管理部门的规定，无法开展相关服务项目的情形。

（二）送油、更换轮胎等服务过程中产生的油料、防冻液、配件、辅料等材料费用。

（三）被保险人或驾驶人的故意行为。

第五条　责任限额

保险期间内，保险人提供2次免费服务，超出2次的，由投保人和保险人在签订保险合同时协商确定，分为5次、10次、15次、20次四档。

车辆安全检测特约条款

第六条　服务范围

保险期间内，为保障车辆安全运行，保险人或其受托人根据被保险人请求，为被保险机动车提供车辆安全检测服务，车辆安全检测项目包括：

（一）发动机检测（机油、空滤、燃油、冷却等）（图 1-2-54）；

图 1-2-54 发动机检测

（二）变速器检测；

（三）转向系统检测（含车轮定位测试、轮胎动平衡测试）；

（四）底盘检测；

（五）轮胎检测；

（六）汽车玻璃检测；

（七）汽车电子系统检测（全车电控电气系统检测）；

（八）车内环境检测；

（九）蓄电池检测；

（十）车辆综合安全检测。

第七条 责任免除

（一）检测中发现的问题部件的更换、维修费用；

（二）洗车、打蜡等常规保养费用；

（三）车辆运输费用。

第八条 责任限额

保险期间内，本特约条款的检测项目及服务次数上限由投保人和保险人在签订保险合同时协商确定。

代为驾驶服务特约条款

第九条　服务范围

保险期间内，保险人或其受托人根据被保险人请求，在被保险人或其允许的驾驶人因饮酒、服用药物等原因无法驾驶或存在重大安全驾驶隐患时提供单程30千米以内的短途代驾服务。

第十条　责任免除

根据所在地法律法规、行政管理部门的要求，无法开展相关服务项目的情形。

第十一条　责任限额

保险期间内，本特约条款的服务次数上限由投保人和保险人在签订保险合同时协商确定。

代为送检服务特约条款

第十二条　服务范围

保险期间内，按照《中华人民共和国道路交通安全法实施条例》，被保险机动车需由机动车安全技术检验机构实施安全技术检验时，根据被保险人请求，由保险人或其受托人代替车辆所有人进行车辆送检。

第十三条　责任免除

（一）根据所在地法律法规、行政管理部门的要求，无法开展相关服务项目的情形。

（二）车辆检验费用及罚款。

（三）维修费用。

释　义

【使用被保险机动车过程】指被保险机动车作为一种工具被使用的整个过程，包括行驶、停放及作业，但不包括在营业场所被维修养护期间、被营业单位拖带或被吊装等施救期间。

【自然灾害】指对人类以及人类赖以生存的环境造成破坏性影响

的自然现象，包括雷击、暴风、暴雨、洪水、龙卷风、冰雹、台风、热带风暴、地陷、崖崩、滑坡、泥石流、雪崩、冰陷、暴雪、冰凌、沙尘暴（图1-2-55）、地震及其次生灾害等。

图1-2-55　沙尘暴

【意外事故】指被保险人不可预料、无法控制的突发性事件，但不包括战争、军事冲突、恐怖活动、暴乱、污染（含放射性污染）、核反应、核辐射等。

【交通肇事逃逸】是指发生道路交通事故后，当事人为逃避法律责任，驾驶或者遗弃车辆逃离道路交通事故现场以及潜逃藏匿的行为。

【车轮单独损失】指未发生被保险机动车其他部位的损失，因自然灾害、意外事故，仅发生轮胎、轮毂、轮毂罩的分别单独损失，或上述三者之中任意两者的共同损失，或三者的共同损失。

【车身划痕】仅发生被保险机动车车身表面油漆的损坏，且无明显碰撞痕迹。

【新增加设备】指被保险机动车出厂时原有设备以外的，另外加装的设备和设施。

【新车购置价】指本保险合同签订地购置与被保险机动车同类型

新车的价格，无同类型新车市场销售价格的，由投保人与保险人协商确定。

【全部损失】指被保险机动车发生事故后灭失，或者受到严重损坏完全失去原有形体、效用，或者不能再归被保险人所拥有的，为实际全损；或被保险机动车发生事故后，认为实际全损已经不可避免，或者为避免发生实际全损所需支付的费用超过实际价值的，为推定全损。

【家庭成员】指配偶、父母、子女和其他共同生活的近亲属。

【市场公允价值】指熟悉市场情况的买卖双方在公平交易的条件下和自愿的情况下所确定的价格，或无关联的双方在公平交易的条件下一项资产可以被买卖或者一项负债可以被清偿的成交价格。

【参考折旧系数表】见表1-2-1。

表 1-2-1 参考折旧系数表

车辆种类	月折旧系数			
	家庭自用	非营业	营业	
			出租	其他
9座以下客车	0.60%	0.60%	1.10%	0.90%
10座以上客车	0.90%	0.90%	1.10%	0.90%
微型载货汽车	—	0.90%	1.10%	1.10%
带拖挂的载货汽车	—	0.90%	1.10%	1.10%
低速货车和三轮汽车	—	1.10%	1.40%	1.40%
其他车辆	—	0.90%	1.10%	0.90%

折旧按月计算，不足一个月的部分，不计折旧。最高折旧金额不超过投保时被保险机动车新车购置价的80%。

折旧金额=新车购置价×被保险机动车已使用月数×月折旧系数。

【饮酒】指驾驶人饮用含有酒精的饮料，驾驶机动车时血液中的酒精含量大于等于20mg/100mL的。

【法定节假日】法定节假日包括：中华人民共和国国务院规定的元旦、春节、清明节、劳动节、端午节、中秋节和国庆节放假调休日期，及星期六、星期日，具体以国务院公布的文件为准。

法定节假日不包括：因国务院安排调休形成的工作日；国务院规定的一次性全国假日；地方性假日。

【污染（含放射性污染）】指被保险机动车正常使用过程中或发生事故时，由于油料、尾气、货物或其他污染物的泄漏、飞溅、排放、散落等造成的被保险机动车和第三方财产的污损、状况恶化或人身伤亡。

【特需医疗类费用】指医院的特需医疗部门/中心/病房，包括但不限于特需医疗部、外宾医疗部、VIP部、国际医疗中心、联合医院、联合病房、干部病房、A级病房、家庭病房、套房等不属于社会基本医疗保险范畴的高等级病房产生的费用，以及名医门诊、指定专家团队门诊、特需门诊、国际门诊等产生的费用。

第2章
车辆投保

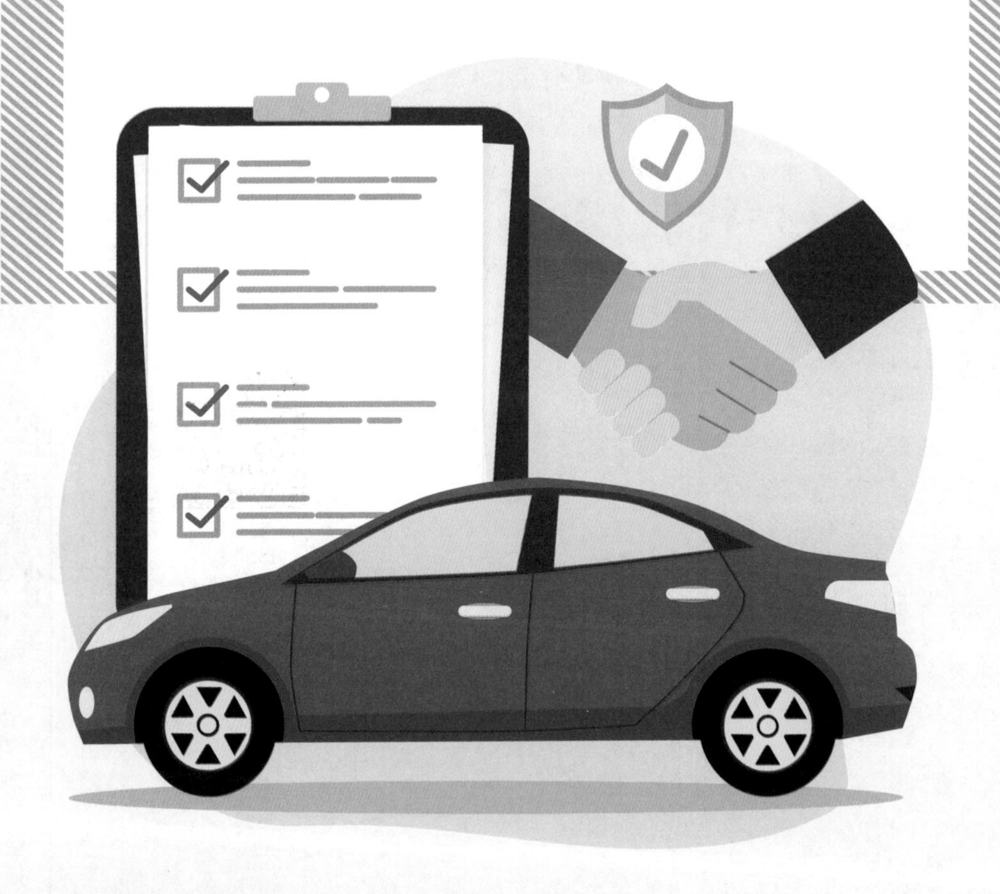

2.1 车险的选择

2.1.1 投保准备

❶ 被投保险人有效身份证件，若没有身份证，可以用其他类证明文件，比如军官证、护照、往来港澳通行证、户口本或者是由公安户籍机关出具的户口证明文件等。

❷ 被保险人的机动车行驶证（图2-1-1），这是车辆所属人必需的证明文件，对投保的车辆是非常具有意义的，若是没有机动车行驶证，出事故时理赔的进程将会出现一定的障碍。

图 2-1-1　机动车行驶证

❸ 若是续保的，还必须要携带前一次由投保人签字的保单（图2-1-2）；若是新保的，则不需要保单。

图 2-1-2　保单

❹ 若需指定驾驶员，则必须提供驾驶员的驾驶证（图2-1-3）。

图 2-1-3　驾驶证

❺ 若此车辆为新车，则还需要提供车辆的购置合同，新车辆的检验合格证（图2-1-4），或者是含有新车发动机号、车架号的新车购车发票。

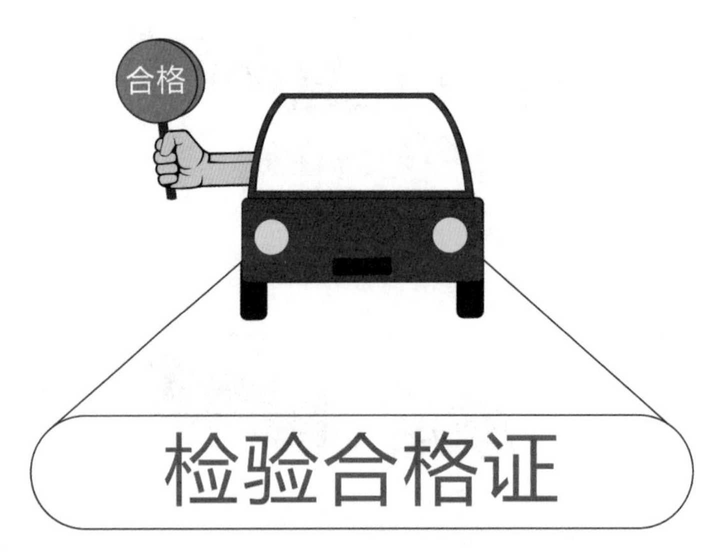

图 2-1-4　检验合格证

❻ 若是二手车辆，则必须提供过户登记证（图2-1-5）。

图 2-1-5　过户登记证

2.1.2　投保保费

车主在投保时，一般情况下会将保费作为首要的参考条件，保费由保险的金额、保险的费率、保险的期限构成，保费的数额同保险金额的大小、保险费率的高低和保险期限的长短成正比（图2-1-6）。

总保费=车船税+交强险保费+车损险保费+第三者责任险保费+附加险保费等。

图 2-1-6　车险费用

❶ 交强险保费金额需根据具体的情形确定，一般情况下6座以下机动车第一年保费为950元；6座以上机动车第一年保费为1100元。计算公式是：最终保费=基础保费 ×（1+与道路交通事故相联系的浮动比率）×（1+与交通安全违法行为相联系的浮动比率）（表2-1-1）。

表 2-1-1　交强险方案

非营运车辆交强险基础保费					
车型	第一年费用				
6 座以下	950 元				
6 座以上（含 6 座）	1100 元				
浮动因素 / 方案类型	方案 A	方案 B	方案 C	方案 D	方案 E
上一个年度未发生有责任道路交通事故	770 元	825 元	880 元	935 元	990 元
上两个年度未发生有责任道路交通事故	660 元	715 元	770 元	825 元	880 元
上三个及以上年度未发生有责任道路交通事故	550 元	605 元	660 元	715 元	770 元
上一个年度发生一次有责任不涉及死亡的道路交通事故	1100 元	1100 元	1100 元	1100 元	1100 元
上一个年度发生两次及两次以上有责任不涉及死亡的道路交通事故	1210 元	1210 元	1210 元	1210 元	1210 元
上一个年度发生有责任道路交通死亡事故	1430 元	1430 元	1430 元	1430 元	1430 元

❷ 车损险的保费计算公式：车损险保费 =（基础保费 + 车辆购置价 × 费率）× 优惠系数，这里基础保费和费率是由银保监会定的，而车辆购置价格是按购买保险时的近期价格计算的，优惠系数则由保险公司自己规定（表2-1-2）。

表 2-1-2　车损险方案

车辆损失险费率								
类型	1 年以下		1 ~ 2 年		2 ~ 6 年		6 年以上	
	基础保费	费率	基础保费	费率	基础保费	费率	基础保费	费率
6 座以下	630	1.50%	272	0.90%	269	0.89%	277	0.92%
6 ~ 10 座	342	0.90%	326	0.86%	323	0.85%	333	0.87%
10 ~ 20 座	342	0.95%	326	0.90%	323	0.89%	333	0.92%
20 座以上	357	0.95%	340	0.90%	336	0.89%	346	0.92%

车辆种类	月折旧系数			
	家庭自用	非营业	营业	
			出租	其他
9 座以下客车	0.60%	0.60%	1.10%	0.90%
10 座以上客车	0.90%	0.90%	1.10%	0.90%
微型载货汽车	—	0.90%	1.10%	1.10%
带拖挂的载货汽车	—	0.90%	1.10%	1.10%
低速货车和三轮汽车	—	1.10%	1.40%	1.40%
其他车辆	—	0.90%	1.10%	0.90%

❸ 当被保险人应负第三者伤亡赔偿金额超过赔偿限额时，保险公司赔偿额=赔偿限额 ×（1–免赔率）；当被保险人应负第三者伤亡赔偿金额低于赔偿限额时，保险公司应当赔付第三者责任险的数额=应负赔偿金额 ×（1–免赔率）（表2-1-3）。

表 2-1-3 第三者责任险方案

人保、太平洋、平安保险第三者责任险费率表						
保险公司	平安车险		人保车险		太平洋车险	
投保金额	第三者责任险	不计免赔	第三者责任险	不计免赔	第三者责任险	不计免赔
5 万元	464.4	69.66	464.4	69.66	464.4	69.66
10 万元	671.4	100.71	671.4	100.71	671.4	100.71
15 万元	765.0	114.75	765.0	114.75	765.0	114.75
20 万元	831.6	124.74	831.6	124.74	831.6	124.74
30 万元	938.7	140.81	938.7	140.81		
50 万元	1126.8	169.02	1126.8	169.02	1126.8	169.02
100 万元	1467.0	220.05	1467.0	220.05	1467.0	220.05
150 万元	1802.1	270.32	1802.1	270.32		
200 万元	2133.79	320.07	2133.79	320.07	2079.36	311.9
250 万元			2385.54	357.83		
300 万元			2691.72	403.76		
350 万元			2997.90	449.69		

❹ 附加险以车上人员责任险为例，也是按照投保人的类别、座位数（图2-1-7）、投保方式来查找费用率，具体的计算方式：保险费=单座责任限额 × 投保座位数 × 费用率。

图 2-1-7 按座位数投保

2.1.3 选择原则

（1）车险保险公司选择原则一：多

车险主要分为交强险和商业险，交强险是我国强制购买的险种，商业险则由车主自行决定是否购买。主要的商业险种有车辆损失险、第三者责任险、车上人员责任险、全车盗抢险等；此外还有些针对性比较强的附加险种，如车身划痕险、玻璃单独破碎险、自燃损失险等（图2-1-8）。相比小型保险公司，大型保险公司能够提供更齐全的险种供客户选择，因此，买车险的第一步，就是选择大型保险公司。

图2-1-8 购买的险种

（2）车险保险公司选择原则二：快

一般而言，网络车险投保操作流程快，××网上车险24小时都能在线投保，而且网上操作步骤简单，仅需10分钟就能完成从车险报价到网上支付保费全过程，非常简便快捷。快不但指的是投保过程快，还指理赔过程快。在理赔速度上，××车险推出的“万元以下，资料齐全，一天赔付”服务承诺和“全国通赔，异地出险，就地理赔结案”“直赔一条龙”服务等，均是××车险实现快速理赔的有力保证（图2-1-9）。

图 2-1-9 快速理赔

（3）车险保险公司选择原则三：好

车主可以从以下几个方面考虑保险公司提供的服务好不好：投保过程是否顺畅，是否具有清晰直观的投保指引；是否能够做到全国通赔，在异地出险能否异地理赔；是否上门收取理赔资料；有没有增值服务等。好的保险公司能够设身处地为车主着想，尽量简化烦琐的手续。无论是投保前的引导，投保操作的过程，还是后续理赔，××网上车险均能给客户最周全的服务，是广大车主的放心之选。

（4）车险保险公司选择原则四：省

除理赔外，报价透不透明、有无价格优惠等都是车主十分关心的问题。通过保险公司官网直销投保，每一个险种的保障范围、保额和保费都一目了然，车主完全可以做到心中有数，报价十分透明；同时，网上投保方式因为省去中间环节，保险公司可将省下的中间代理人的费用让利返还给客户，客户可以超低的价格享受更好的车险服务，性价比高。

2.2 车险的投保

2.2.1 车险方案

目前，机动车保险包括4个基本险和5个附加险。车主可以根据自己的经济实力与实际需求进行投保。以下是4个机动车辆常见保险方案，可以供车主投保时参考（图2-2-1）。

图 2-2-1 投保攻略

方案1：全面型

投保项目：交强险 + 车损险 + 第三者责任险（300万元）+ 车上人员责任险+其他附加险

适合类型：新手 + 新车（图2-2-2）

推荐说明：几乎与汽车相关的全部事故损失都能得到赔偿。这样一来爱车就有了更高的保障，不必担心交通事故所带来的种种风险。作为新手，驾驶技能有待提高，所以，除了谨慎驾驶外，给爱车一个全面的保障是上策。

图 2-2-2 新车

方案2：常规型

投保项目：交强险＋车损险＋第三者责任险（100万元）+车上人员责任险

适合类型：老司机＋新车

推荐说明：拥有相对较全的保障，保额要比全保型低，但是对于保障内的损失会100%进行赔付。

方案3：经济型

投保项目：交强险+第三者责任险（50万元）

适合类型：新手＋旧车

推荐说明：不少新手常常开旧车（图2-2-3）练手艺，建议投保时还是要尽量保足。而旧车的剐蹭即使翼子板变形，只要不影响驾驶，将就一下也未尝不可，因此车损险可以不保，况且老旧车辆的维保也较为便宜。

图2-2-3　旧车

方案4：高危型

投保项目：交强险

适合类型：老司机＋旧车

推荐说明：高超的驾驶技能加上一辆服役年头较长的旧车，使您只需选择最重要的险种投保即可。交强险是强制投保险种，无法省略。

2.2.2　投保技巧

❶ 车险实名制实施后，车主投保流程分为以下4步（深圳除外）。

a. 选择意向保险公司投保：投保方式有拨打客服电话（图2-2-4）、上官方网站、通过手机客户端以及去服务网点等。

b. 手机短信验证：客户需向保险公司提供真实有效的手机号码，客户收到手机短信验证码后，需将验证码告知保险公司，保险公司将协助客户进行短信验证（图2-2-5）。

图 2-2-4　车险客服

图 2-2-5　短信验证

c. 缴费实名认证：手机短信验证通过后，进入缴费实名认证，客户在保险公司出具的投保人缴费实名认证客户授权书（电子版或纸质版）上签名确认（图2-2-6）。获得授权后，保险公司通过中国保信全国车险信息平台缴费实名认证系统的验证，确保支付保费账户与投保人信息一致。

图 2-2-6　签名确认

d.缴费出单：通过缴费实名认证后，客户可通过本人的银行卡、微信或支付宝一次性全额支付保费（图2-2-7）。支付成功后，保险公司出具保单。

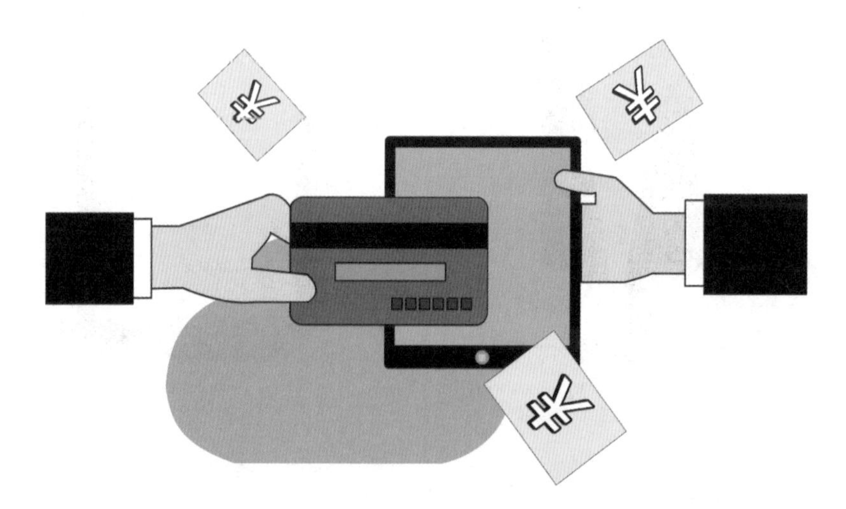

图 2-2-7　平台支付

❷ 车辆的保险金额要根据新车购置价确定。车辆损失险保险金额，可以按投保时新车价值或实际价值确定，但要注意保险金额不得超过车辆价值，因为超过的部分无效（图2-2-8）。

图 2-2-8　购置价下跌

❸ 司机乘客意外伤害险。在投保时根据使用情况投保一个座位或几个座位，如果超过2个座位，则5个座位全部投保比较合算（图2-2-9）。

图 2-2-9　投保选择

❹ 第三者责任险有10万元、30万元、50万元、100万元、200万元、300万元、500万元等多个档次，保费根据额度的不同也有相对应的差别（图2-2-10）。一般来说，保200万元比较合适，一般的事故都能应对。

图 2-2-10　第三者责任险有必要

❺ 自燃险是对车辆因油路或电路的原因自发燃烧造成损失进行的担保。轿车自燃事故极为少见，投保的必要性不大，但对新能源汽车投保自燃险却非常有必要（图2-2-11）。

图 2-2-11　汽车自燃

❻ 旧车的盗抢险和车损险。投保时车辆的实际价值按新车购置价减去折旧来确定，一般每年折旧千分之十（图2-2-12）。

图 2-2-12　车辆折旧

❼ 看清免责条款（图2-2-13）：

a. 新车未上牌、无临时牌或者临时牌过期期间造成的损失，不赔；

b. 车辆未在规定时间内年检或者未通过年检出现事故造成的损失，不赔；

c. 车辆修理期间出现事故造成的损失，不赔；

d. 在收费停车场丢车，不赔；

e. 被保险人主动放弃追偿权的，不赔；

f. 驾驶证丢失、损坏以及更换期间驾车造成的损失，不赔；

g. 事发超过48小时未告知保险公司，有可能不赔；

h. 保险费交清前发生的保险事故，不赔；

i. 车辆的新增设备损坏，不赔。

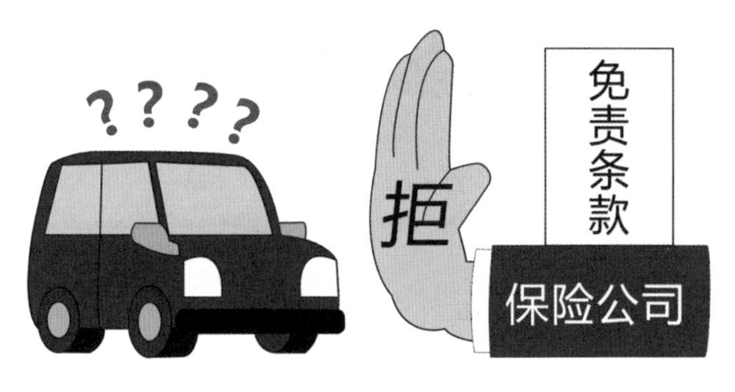

图 2-2-13　车险拒赔

❽ 不要重复投保。车主们在投保汽车保险的时候要避免重复投保，有的车主可能会认为自己在某一方面出险的概率比较大，就重复投保这个险种，认为这样就可以得到重复的赔款。其实这种想法是错误的，即使车主重复投保了一个险种，涉及赔款问题也不会得到超额的赔偿款（图2-2-14）。

图 2-2-14　避免重复投保

❾ 保险要保全。有些车主为了节省保费，想少保几种险，或者只保车损险，不保第三者责任险，或者只保主险，不保附加险等。其实各险种都有各自的保险责任，假如车辆出事故，保险公司只能依据当初订立的保险合同承担保险责任给予赔付，而车主的其他一些损失则有可能得不到赔偿（图2-2-15）。

图 2-2-15　保险要保全

⑩ 注意莫生“骗赔”伎俩。有极少数人，总想把保险当成发财的捷径，如有的先出险后投保，有的人为制造出险事故，有的伪造、涂改、添加修车、医疗等发票和证明，这些都属于骗赔的范围，是触犯法律的行为（图2-2-16）。因此各位车主在这些问题上，千万不要耍小“聪明”。

图 2-2-16　不可骗保

2.2.3　投保实名

车险实名制缴费是指保险公司在收取车险保费时，为了保护客户的权益，确保消费的选择权和知情权，提高车险消费体验，打击车险消费市场存在的混乱现象，应核对付款账户信息的真实性，确保付款账户信息与投保人一致（图2-2-17）。

图 2-2-17　投保实名

2.3 车险的续保

2.3.1 续保技巧

❶ 为了避免车险出现保险空档期，建议车主记清楚自己车险的到期时间，可提前1个月办理续保（图2-3-1）。

图 2-3-1　及时续保

❷ 购买车险有5种途径：保险公司官网、业务员电话直销、手机APP、4S店和熟人介绍。续保同理，也有这5种渠道。不过随着大家购买车险的驾轻就熟，越来越多的人选择互联网续保，不但可以节省保费，而且省时省力（图2-3-2）。

图 2-3-2　互联网途径续保

❸ 车险续保时，不像买新车时在4S店购买车险，什么险种都被要求购买，可以有选择地挑选险种。其中，最实惠的车险套餐组合就是交强险加第三者责任险，这是最省钱的续保方法（图2-3-3）。

图 2-3-3　挑选适合车险

❹ 第三者责任险保额买足。虽然车主大都购买了交强险，但交强险赔付的额度有限，如果第三者责任险的赔付额度足够高的话，就不用自己再掏腰包赔付（图2-3-4）。

图 2-3-4　第三者责任险适当额度

❺ 想要以更低的费用续保，平时的良好行车记录是决定性因素。简单来讲，理赔次数的多少，将决定来年车险续保的优惠程度（图2-3-5）。

图 2-3-5 车险续保

2.3.2 续保原则

车主应当留意每年车险保险日期，及时续保，以免给理赔带来不便。车辆脱保超过一定期限后，再续保时还可能面临费率上浮。一般而言，在脱保一个月内续保，保险费率不会上浮；超过一个月，由于可能带来事后投保的道德风险，费率会上浮。

在交强险方面，规定可能更加严格，一旦车主脱保超过3天，可能就无法享受保费优惠了，一些保险公司还规定脱保后再续保须重新验车（图2-3-6）。

交强险和第三者责任保险必须买。

图 2-3-6 避免脱保

第3章
车险事故

3.1 车险事故处理

3.1.1 事故报案

发生交通事故时，立即拨打保险公司的客服电话进行报案，说清楚自己车辆的情况，若涉及人身伤亡或其他人员的财产损失等，则还需要及时通知交警（图3-1-1）。

图3-1-1 事故报案

车险报案可采用电话报案、网上报案、到保险公司报案或理赔员转达报案等方式。切勿在未能标明事故现场状况的情况下，将车驶离现场，然后再商讨事故责任的划分，这样往往会导致纠纷的产生。车险报案根据案件情况分为现场报案和非现场报案两种，这两种情况的处理方式各不相同，具体详情见下。

（1）现场报案

❶ 通过电话报案。客户通过拨打保险公司全国统一客服热线进行报案，不管是发生单方事故还是发生双方事故，保险公司的客服人员都会第一时间派查勘定损人员前往事故现场进行查勘（图3-1-2）。

图 3-1-2　电话报案

❷ 通过微信报案。如果客户是通过微信向保险公司报案，那么微信专员会指导客户进行拍照取证，并在微信上上传，再由保险公司决定是否进行受理（图3-1-3）。

图 3-1-3　微信报案

（2）非现场报案

❶ 发生单方事故。如果保险公司对车损痕迹表示有疑问，那么会及时告知事故当事人，并且需要对第一现场进行查勘。

❷ 发生双方事故。如果是双方事故，那么保险公司会要求客户提供交警开具的交通事故认定书才能进行受理，否则保险公司不会进行理赔，因此发生交通事故时一定要保留现场照片以及相关资料，谨防丢失（图3-1-4）。

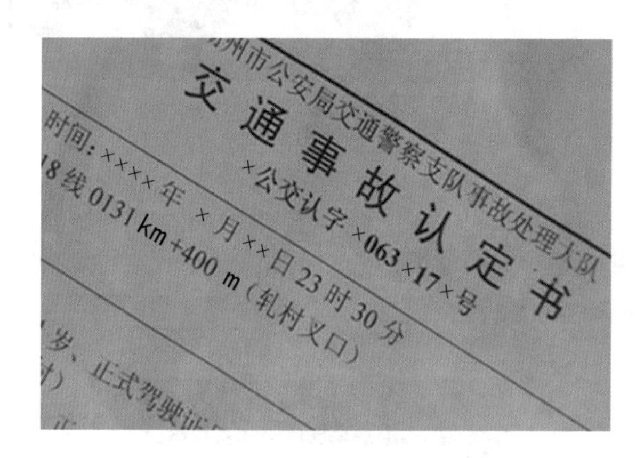

图 3-1-4　交通事故认定书

（3）报案注意事项

❶ 拍摄现场照。按照“事故部位特写+远景照”结合的方法拍摄现场情况。其中，远景照需含事故全方位情况（图3-1-5）。

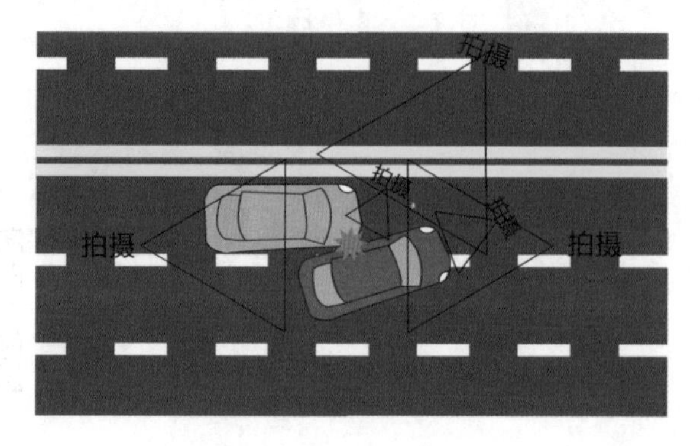

图 3-1-5　现场拍照方位

❷ 报案。单车事故向保险公司客服电话报案时，应描述事故出险经过，包含时间和地点，简述事故发生的原因，造成了哪些损失。听从保险公司指引，确定是否需要报交警、是否需要在现场等候查勘员进行现场查勘。

3.1.2　现场处理

接到报案后，交警部门到现场调查取证，并暂扣事故车辆、当事司机驾驶证和事故车辆行驶证。一般情况下，交警处理的事故保险公司查勘人员无需再到现场查勘。现场处理原则：人伤事故先救人，车损事故先撤离（图3-1-6）。

图 3-1-6　事故现场抢救伤员

（1）单方肇事事故

单方肇事事故是最为常见的一类事故，因为不涉及第三者的损害赔偿，仅仅造成被保险车辆损坏，事故责任为被保险车辆负全部责任，所以事故处理非常简单。

❶ 损失较小（一万元以下），保险公司派人到现场查勘，并出具“查勘报告”。

❷ 损失较大（一万元以上），如查勘员认为需要报交警处理，会向交警部门报案，由交警部门到现场调查取证，并出具“事故认定书”。

（2）多方肇事事故

事故发生后，事故各方车辆应停在原地，保留好事故现场，并立即向保险公司和交警部门报案。如有人员伤亡，应立即将其送往医院，尽量不挪动事故车。若用事故车将伤者送往医院，将造成事故责任无法认定（图3-1-7）。

图 3-1-7　多方事故现场

❶ 交通繁忙路段（图3-1-8），责任明确，先撤离，再协商。若责任不明确，当事人应当在确保安全的原则下，采取现场拍照或者标画事故车辆现场位置等方式固定证据后，立即撤离现场，将车辆移至不妨碍交通的地点，再协商处理损害赔偿事宜。

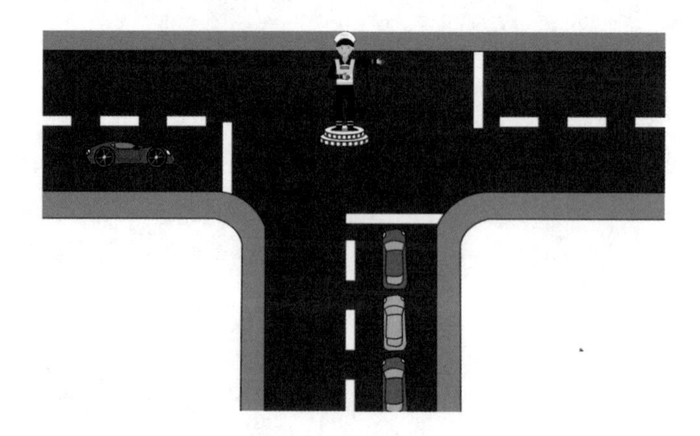

图 3-1-8　拥堵路段

❷ 高速路段，除了明确责任、保留证据外，还需在车后按规定设置危险警告标志（图3-1-9）。

图3-1-9　设置危险警告标志

❸ 其他路段，责任不明确的，需要查看行车记录仪、监控视频等，明确责任划分（图3-1-10）。

图3-1-10　交通监控

（3）发生只造成财产损失的交通事故

有下列情形之一的，当事人应当保护现场并立即报警：

❶ 驾驶人无有效机动车驾驶证或者驾驶的机动车与驾驶证载明的准驾车型不符的；

❷ 驾驶人有饮酒、服用国家管制的精神药品或者麻醉药品嫌疑的；

❸ 驾驶人有从事校车业务或者旅客运输，严重超过额定乘员载客，

或者严重超过规定时速行驶嫌疑的；

❹ 机动车无号牌或者使用伪造、变造的号牌的；

❺ 当事人不能自行移动车辆的；

❻ 一方当事人离开现场的；

❼ 有证据证明事故是由一方故意造成的。

发生财产损失交通事故，车辆可以移动，但存在无检验合格标志或者无保险标志的，或者碰撞建筑物、公共设施或者其他设施情况之一的，当事人应当组织车上人员疏散到路外安全地点，在确保安全的原则下，采取现场拍照或者标画事故车辆现场位置等方式固定证据，将车辆移至不妨碍交通的地点后报警。

此外，载运爆炸性、易燃性、毒害性、放射性、腐蚀性、传染病病原体等危险物品的车辆发生财产损失事故的，当事人应当立即报警，危险物品车辆驾驶人、押运人员应当按照危险物品安全操作规程采取相应的应急措施。

（4）取得交警证明

出示行驶证、驾驶证、身份证。现场交警根据各方陈述，对事故进行查勘后做出事故认定及责任划分，如无争议，填写“交通事故责任认定书”，车主签字确认（图3-1-11）。

图 3-1-11　交警责任划分

3.2 车险现场查勘

3.2.1 查勘准备

携带查勘资料及工具：目前保险报案基本都是无纸化办公，手机软件即可完成报案表中内容的填写。查勘工具包括照明设备、卷尺、相机雨衣、电脑、U盘等。

（1）相机使用规定。

车险查勘定损拍照是理赔中重要的取证方式，通过拍照可以确认出险标的，反映受损财产的损坏程度，同时可以间接反映保险事故经过的信息，在车险赔案的核损、核价、核赔、赔案后审查等管控环节中具有不可替代的作用。车险查勘定损拍照对照片的要求是信息完整、图像清晰。在一个赔案中至少应包括以下照片：需要审验证件和证明的照片、车架号或VIN码等定型信息照片、带牌照的整车照片、受损部位照片、受损零部件的细节照片，以及其他证明保险事故的单证照片和事故现场的查勘照片等（图3-2-1）。

图3-2-1　查勘专用相机

（2）易碎贴使用

现场一时无法确定的，可打记号或贴上易碎贴（图3-2-2），口头答应下次再确定损失。切不可在第一次定损时，在定损单或估价单中写“待定”字样。

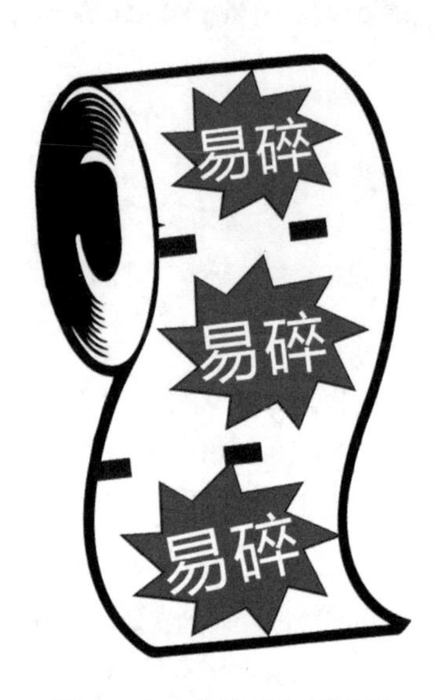

图 3-2-2　查勘现场易碎贴

第二次定损时，用卷尺等仪器和设备，用拉对角线、新旧件对比等方式，对比有关参数，确定是否变形，而后更换（图3-2-3）。

图 3-2-3　查勘现场参数测量

3.2.2　查勘内容

现场查勘主要的目的是查明事故真实性、车辆损失情况和帮助客户解除突发事件所带来的困扰。

（1）出险车辆情况

通过核对保单与出险车辆的型号、号牌、VIN码（车架号），确认出险车辆是否与保单上的为同一辆车。对双方、多方事故现场，还需要查看三者车的驾驶证、行驶证、保险单，主要是为了查明保单是否在投保期，以及驾驶证、行驶证是否合法有效。

（2）出险时间

查明车辆出险时间是否在保单的有效期内（图3-2-4），对于临近保单生效时间出险的案件，保险人要慎重，需要查明该车辆是否存在先出险、后投保的现象。

图 3-2-4　保单过期

（3）出险地点

到达现场后，需要观察出险车辆受损部位是否与现场碰撞痕迹相吻合，判断该现场是否是第一现场，有没有谎报出险地点、伪造事故现场、制造虚假保险事故等嫌疑（图3-2-5）。

图 3-2-5 制造假现场

（4）驾驶员资格

查勘员到达现场后需要向驾驶员详细询问事故经过，并对被保险人原始报案记录进行核对，审核驾驶证，查明现场驾驶员与出险当时车辆是否是同一驾驶人，有没有存在“调包”的现象；驾驶证准驾车型是否与出险车辆符合；对于驾驶员涉嫌无证驾驶、酒后驾车等严重违法行为，可立即协同交警进行酒精检测和调查取证（图 3-2-6）。

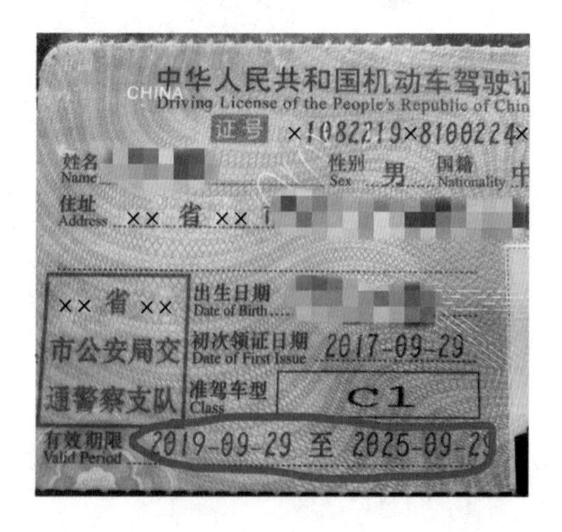
中华人民共和国机动车驾驶证
CHINA
Driving License of the People's Republic of Chin
证号 ×1082219×8100224×
姓名 Name
性别 Sex 男 国籍 Nationality 中
住址 Address ×× 省 ××
××省××市公安局交通警察支队
出生日期 Date of Birth
初次领证日期 Date of First Issue 2017-09-29
准驾车型 Class C1
有效期限 Valid Period 2019-09-29 至 2025-09-2

图 3-2-6 驾驶证审核

（5）出险原因

对现场痕迹反复进行查勘（图3-2-7），走访目击证人，分析事故原因，判断出险车辆是否在保险责任范围内。车辆装载情况是否有违章行为，是否存在超重、超宽、超高或车辆技术状态不佳等问题。

图 3-2-7　查勘刹车痕迹

（6）对事故现场拍照

❶ 反映事故现场全貌的全景照片（以事故现场附近明显而静止的固定参照物作为背景，锁定事故地点）。

❷ 整车照片（反映受损车辆号牌）。

❸ 车架号码照片（锁定本车）。

❹ 损失部位特写照片（反映损失程度）。

❺ 碰撞痕迹照片（反映责任比例），据此判断肇事前车辆行驶速度及行驶路线。

检查车辆碰撞所遗留的残碎物体（如塑件碎片及灯具玻璃碎片等），根据刹车痕迹及遗留的残碎物体，确认和判断车辆瞬间碰撞的第一接触点（图3-2-8）。

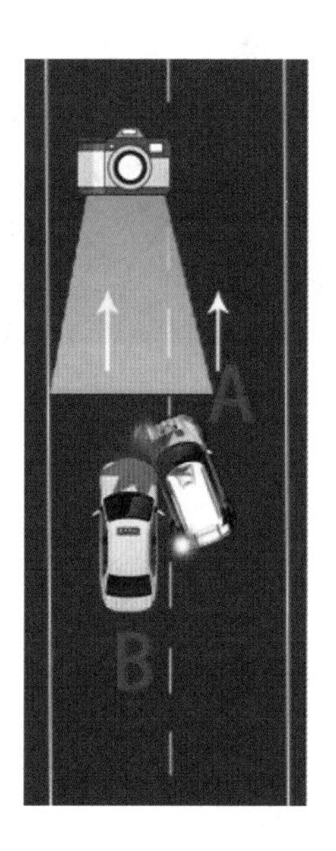

图 3-2-8　车辆撞击点

❻ 物证照片等。拍摄内容应与现场查勘记录的记载相一致。

（7）向被保险人发放齐全相关单证

包括：索赔申请书及索赔须知、赔付协议书和赔款收据等。需明确告知客户索赔需要提供的主要单证材料、索赔手续流程，并指导客户填写索赔申请书，详细描述出险经过。

（8）轻微事故

能够在现场确定损失金额的，应尽量争取在现场核定损失（图3-2-9），以提高理赔效率，方便客户索赔。对于损失金额比较大，需要对事故车辆进行拆检定损的，应与被保险人约定定损时间和定损地点。

图 3-2-9　查勘现场定损

（9）对人伤案件

必须查明受伤人数、姓名、年龄、性别、工作单位（常住地）、联系方式；记录好受伤人员（图3-2-10）的详细情况，入住医院及科室；及时将伤者的详细情况移交给医疗顾问进行医疗跟踪。对于重大事故，医疗顾问要一同查勘现场。

图 3-2-10　人员受伤

（10）货物损失、路产损失及其他财产损失

能够现场定损的，要尽量争取现场定损；对损失较大、无法现场定损的，要另行约定定损时间；对需要施救的货物，应协助客户联系施救单位和货物存放地点，并商定后续定损事宜。

（11）做好询问记录

对出险时间和出险原因有疑问的事故、重大复杂事故、火灾事故、老旧车辆涉及全损事故，要走访现场目击证人或知情人，弄清事实真相，做好相关人员的询问记录（图 3-2-11），并由被询问人过目签字（所有涉及事故的记录都必须有当事人签字确认）。

图 3-2-11　询问记录

第4章 车辆定损

4.1 定损

4.1.1 定损目的

现场查勘后，已明确属于保险责任范围的，对受损物进行勘验（图4-1-1），并确定其维修费用。涉及人伤的，应有医疗核损员对抢救、治疗方案、费用、评残等级进行核定。

图 4-1-1　车辆定损

4.1.2 定损流程

❶ 报警。保险公司的查勘人员是需要从事故现场来判定事故责任归属的（图4-1-2）。

图 4-1-2　现场查勘

❷ 递交资料。当被保险人事故处理完毕后，10日内将索赔所需资料交于保险公司，包括交通事故责任认定书、调解书、判决书和修理发票、医疗费发票、病例、误工费证明、被保人身份情况以及保单、身份证复印件、行驶证复印件、驾驶员驾照复印件等资料，由保险公司计算理赔（图4-1-3）。

图4-1-3　上交清单

❸ 领取保险赔款。领款人同样需要携带相关证件，包括保单正本，被保险人身份证（图4-1-4）或户口本原件，如需委托他人代领，代领人需要携带身份证以及被保险人出具的“领取赔款授权书”。赔款的最长有效期为事故报案当日起两年内。

图4-1-4　身份证明

❹ 对车辆进行定损是由当地的4S店或者具备保险公司授权的维修服务站与保险公司人员共同进行的，通常将车辆所需维修的零配件进行拍照，维修清单报价后上传至指定的保险公司网站，待审核通过后，方可维修（图4-1-5）。

图4-1-5　定损审核

❺ 个人财产的定损是由现场查勘员拍照与价值说明上传后台审核，再由公共财产交警部门出具财产损失清单证明，送至保险部门定损（图4-1-6）。

图4-1-6　财产损失清单证明

❻ 关于伤者医疗费用，由医院出具诊断证明，并与事故责任证明和费用清单一起上传保险部门核定，一般情况下也可要求保险公司提前垫付。

4.2 车险定损

4.2.1 定损项目

（1）事故起源

交通事故的发生，是人（驾驶员）、车、路三方面因素共同作用的结果。因此在事故分析中，交通事故的发生原因显得尤为重要，是责任划分的重要依据。人（驾驶员）和车辆共同作用的因素主要表现如下。

❶ 随意变道。在多车道道路上行驶时，随意变道，可造成后车来不及采取措施而发生交通事故（图4-2-1）。

图 4-2-1 随意变道

❷ 未保持安全车距。行驶过程中距前车较近，前车遇紧急情况采取

措施时，来不及采取措施或措施不能起到完全避让的作用而发生交通事故（图4-2-2）。

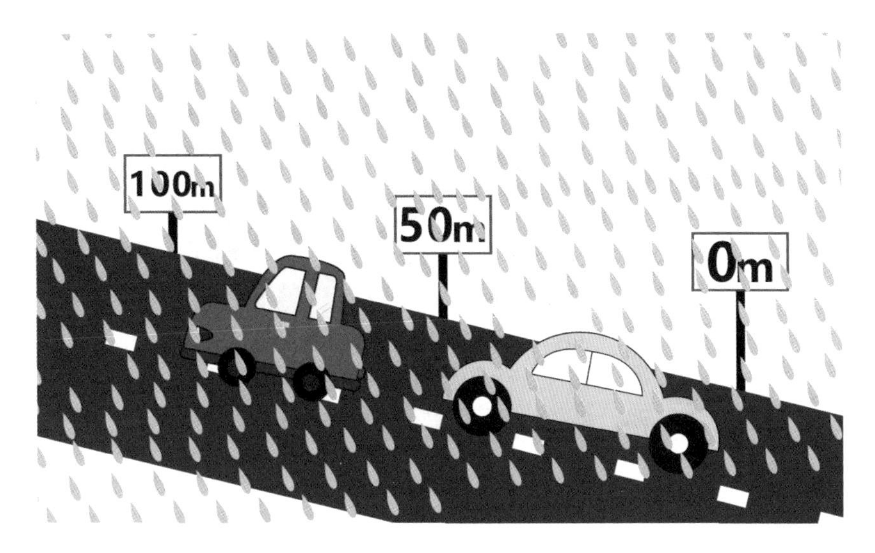

图 4-2-2　未保持安全车距

❸ 超速。超速行驶可造成紧急制动距离呈指数增加，大大增加危险性（图4-2-3）。

图 4-2-3　超速

❹ 越线。越线行驶占压对方车道，极易与被占道车辆发生交通事故（图4-2-4）。

图 4-2-4　越线

❺ 超员、超载。超员虽然对事故的发生影响不是太大，但会加重事故后果，超载可造成车辆制动性能下降，稳定性变差，遇紧急危险情况时，制动距离增长，同时转向避让极易造成车辆侧翻（图4-2-5）。

图 4-2-5　超载

❻ 违法停车或者在高速公路上低速行驶（图4-2-6）。在不能停车的路段因各种原因违法停车，同时不开启危险紧急示警灯、不按照规定放

置反光器等，特别是在夜间，大大提高了被追尾碰撞的可能性。在高速公路上因爬坡、故障等低速行驶或停车，也往往会造成追尾事故。

图 4-2-6　在高速公路上低速行驶

（2）确定事故的维修、理赔方案

定损人员需要在维修厂边拆解车辆的损坏部位边进行损坏程度鉴定，这样可以比较完整地对整个车辆进行定损。

（3）确定工时和维修件

使用定损管理软件逐一登记：由前至后，由左至右，由外至内，适当灵活（图4-2-7）。

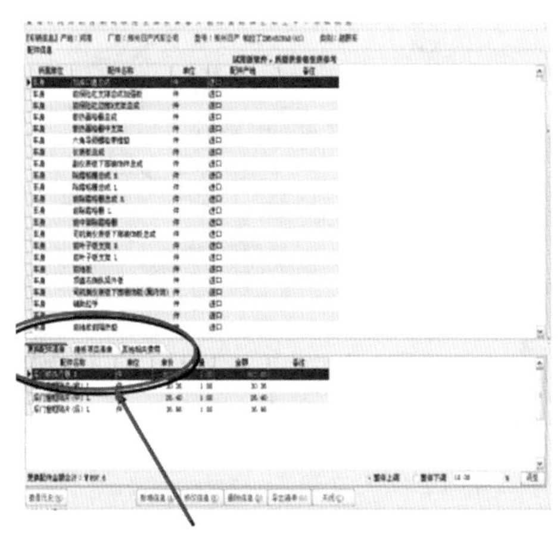

图 4-2-7　换件登记

4.2.2 定损原则

（1）修换原则（图4-2-8）

❶ 既不影响使用性能又不影响外观质量，且利用简单工艺即可恢复的，应以修复为主；二类以上维修技术水平无法修复或在工艺上无法保证修后质量的应更换。

❷ 当配件修复费用超过或等于该配件更换费用时应更换。

❸ 所有更换件的定损都不得高于原车事故前装配的品牌、规格。

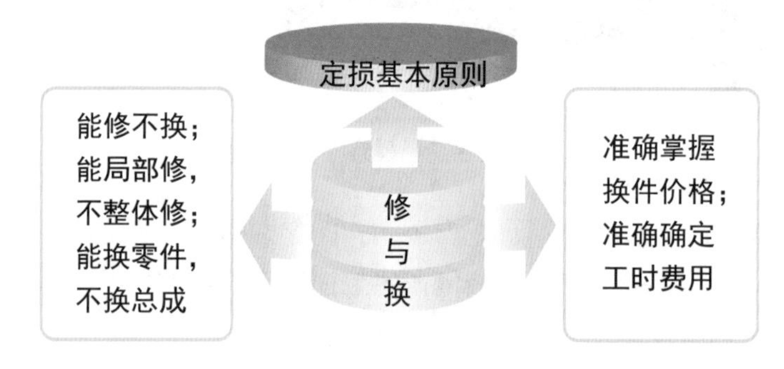

图 4-2-8 修换原则

（2）车身件损伤修换原则（图4-2-9）

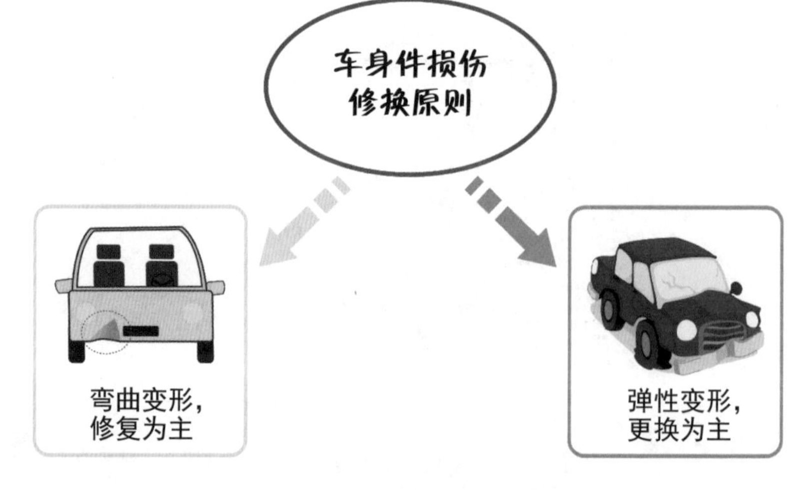

图 4-2-9 车身件损伤修换原则

（3）塑料件修换原则（图4-2-10）

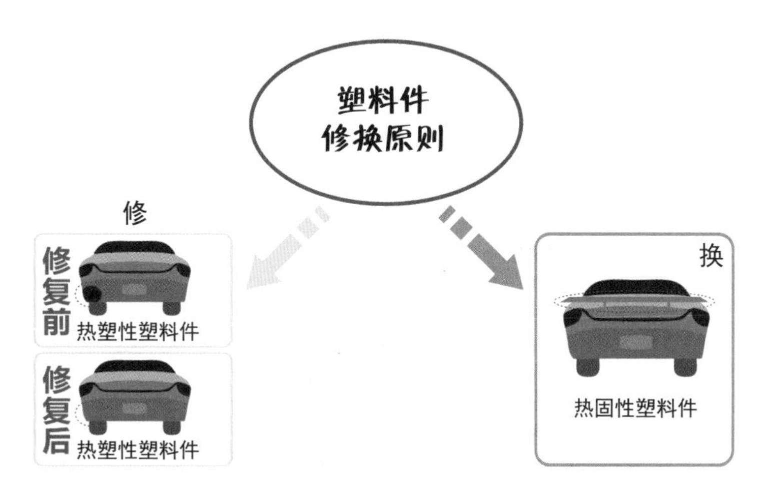

图 4-2-10　塑料件修换原则

（4）机械配件修换原则（图4-2-11）

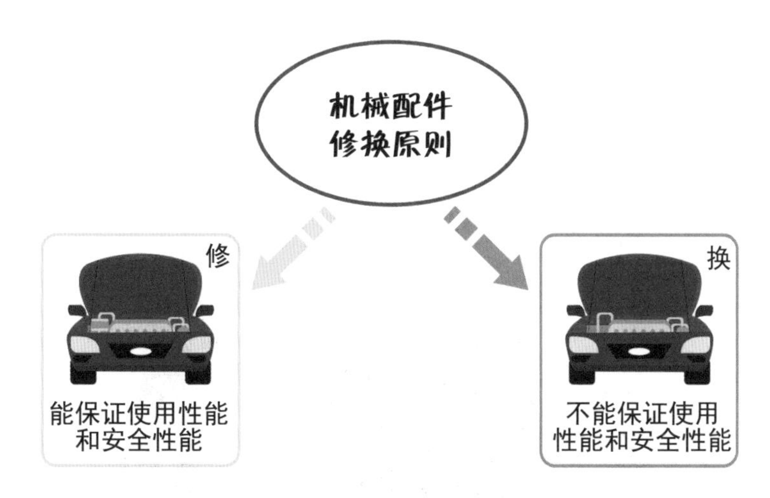

图 4-2-11　机械配件修换原则

4.3 车险核损

4.3.1 核实事故起源

几种最容易出事故的错觉：距离错觉，坡度错觉，弯道错觉，速度错觉（图4-3-1），灯光错觉。

图 4-3-1 速度错觉

4.3.2 核实维修方案

定损员同维修厂负责人对事故车辆的损坏进行初步沟通，然后询问车主意见，得到认可后，定损人员填写定损赔偿清单，确定维修方案（图4-3-2）。

图 4-3-2 核实维修方案

4.3.3 核实维修费用

实际情况中会出现保险公司定损价格和修理厂实际维修价格有差别，尤其是高档轿车修理费用动辄数万元，保险公司定损价与实际维修费用巨大的差额部分可能都要由车主承担，双方可以协商决定（图4-3-3）。

图 4-3-3 核实维修费用

第5章
车险赔偿

5.1 车险理赔

汽车保险理赔是指汽车发生保险责任范围内的损失后，保险人依据保险合同的约定解决保险赔偿问题的过程。汽车保险理赔的工作原则：主动、迅速、准确、合理。车辆如果被车主私自改装，在投保时却没有告诉保险公司，发生相关保险事故时，保险公司将有权拒赔。

车险理赔流程如下：一般情况下4S店的赔付是保险公司直接与4S店对接，赔付不需经过车主；如果是合作的维修站则需要保险公司将赔款打到个人账户，再由个人账户进行维修结算。

5.2 赔款理算

以甲乙两车发生交通事故为例，甲车承担主要责任，乙车承担次要责任，双方购买的是足额的保险，甲车死亡伤残费用210000元，车损28000元，乙车医疗费用15000元，车损31000元，双方均购买不计免赔险，均无其他财产损失，请问甲乙双方均能赔付多少钱？

（1）投保险种

案例中涉及交强险、第三者责任险、车损险三个险种的赔偿。赔偿顺序是先交强险后商业险。

（2）交强险赔偿

❶ 甲车。

甲车的第三者财产损失=28000元，大于交强险中财产损失赔偿限额的2000元，所以保险公司应赔偿甲车2000元。

甲车的第三者死亡伤残=210000元，大于交强险中死亡伤残赔偿限额的110000元，所以保险公司应赔偿甲车110000元。

❷ 乙车。

乙车的第三者财产损失31000元，大于交强险中财产损失赔偿限额的2000元，所以保险公司应赔偿乙车2000元。

乙车的第三者医疗费用15000元，大于交强险中医疗费用赔偿限额的10000元，所以保险公司应赔偿乙车10000元。

（3）商业险赔偿

❶ 甲车。

车损险赔偿=（28000–2000）×70%×（1–15%）元=15470元。

第三者责任险赔偿=（28000+210000–2000–110000）×70%×（1–15%）元=74970元。

❷ 乙车。

车损险赔偿=（31000–2000）×30%×（1–5%）元=8265元。

第三者责任险赔偿=（31000+15000–2000–10000）×30%×（1–5%）元=9690元。

（4）各险种赔款累加

❶ 甲车。

赔款理算总额=（2000+110000+15470+74970）元=202440元。

❷ 乙车。

赔款理算总额=（2000+10000+8265+9690）元=29955元。

（5）其他险种赔款计算

新增加设备损失险的赔款=（核定修理费用–交强险赔偿金额–残值）×事故责任比例×（1–免赔率）；“核定修理费用”大于等于出险时被保险机动车所保新增加设备实际价值的，赔款=（出险时的实际价值–交强险赔偿金额–残值）×事故责任比例×（1–免赔率）。

（6）其他方面

❶ 医疗费：在公费医疗范围内，按照医院对当事人的交通事故创伤治疗所必需的费用计算，凭据支付。

❷ 误工费：当事人有固定收入的，按照本人因误工减少的固定收入计算，对收入高于交通事故发生地平均生活费3倍以上的，按照3倍计算；无固定收入的，按照交通事故发生地国营同行业的平均收入计算（图5-2-1）。

图 5-2-1　误工费

❸ 住院伙食补助费：按照交通事故发生地国家机关工作人员的出差伙食补助标准计算（图 5-2-2）。

图 5-2-2　伙食补助费

❹ 护理费：伤者住院期间，护理人员有收入的，按照误工费的规定计算；无收入的，按照交通事故发生地平均生活费计算（图 5-2-3）。

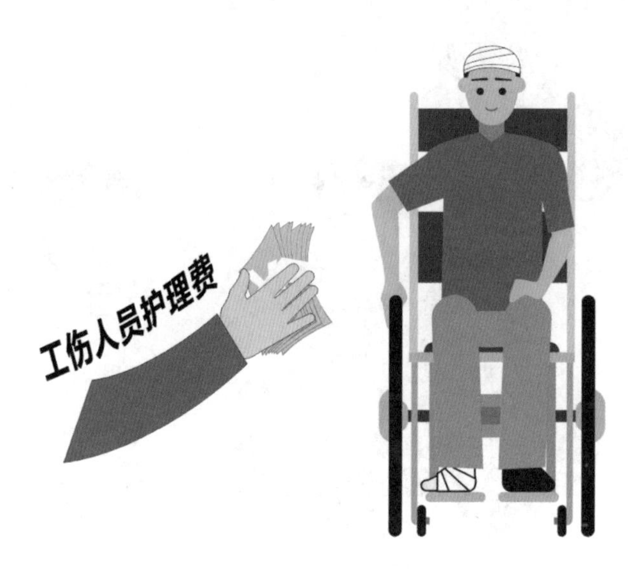

图 5-2-3　护理费

❺ 残疾者生活补助费：根据伤残等级，按照交通事故发生地平均生活费计算。自定伤残之月起，赔偿2年（图5-2-4）。

图 5-2-4　伤残等级

❻ 残疾用品费：因残疾需要配置补偿功能器具的，凭医院证明按照普及型器具的费用计算。

❼ 丧葬费：按照交通事故发生地的丧葬费标准支付（图5-2-5）。

图 5-2-5　丧葬费

5.3　赔付与结案

交通事故结案主要有以下几种。

❶ 在交管部门主持下，调解成功后，制作“调解书”，并分别送交当事人。

❷ 双方自行达成赔偿协议，并一起到交管部门办理结案手续。

❸ 调解未成功的，应当填写“调解终结书”，送交当事人，并告知当事人可在法定时效内向人民法院提起民事诉讼。

❹ 受害方或者受害方亲属起诉到人民法院，经审理后形成“调解书”或者判决书后并完全履行赔偿义务的（图5-3-1）。

图 5-3-1　事故赔偿

第6章
车险拒赔

6.1 拒赔的成因

6.1.1 个人原因

（1）无牌照驾驶造成的损失

新车未上牌、无临时牌或者临时牌过期期间造成的损失。在汽车基本险的四个险种的免责条款中都明确规定，除非另有约定，否则发生保险事故时无公安机关交通管理部门核发的合法有效的行驶证、号牌、临时号牌或临时移动证，保险公司不予赔偿（图6-1-1）。

图6-1-1 未上牌

（2）未年检车辆造成的损失

车辆未通过年检或者未及时年检的，均属于不能合法上路的。车险免责条款规定，未在规定检验期限内进行机动车安全技术检验或检验未通过而上路行驶过程中造成的损失，保险公司不予赔偿。同时提醒车主，一旦发生事故且与超载有关，保险公司也可以超载为理由拒赔（图6-1-2）。

图 6-1-2　未年检

（3）无证驾驶车辆造成的损失

基本险四个险种的免责条款中均注明，在驾驶证丢失、损毁、超过有效期或被依法扣留、暂扣期间或记分达到12分，仍驾驶机动车造成事故损失的，不予赔偿。特别是驾驶证丢失与准驾车型不符或更换时注销原驾驶证的，这期间驾车相当于无证驾驶（图6-1-3），出事故不但保险不赔，还会因无照驾驶被处罚。

图 6-1-3　无证驾驶

（4）被保险人主动放弃追偿权

车辆损失险其中一条免责条款规定，因第三者对保险车辆的损害而造成保险事故的，保险事故发生后，在保险人未赔偿保险金之前，被保险人放弃对有关责任方请求赔偿权利的（私了）（图6-1-4），保险人不承担赔偿责任。

图6-1-4　事故私了

（5）未及时报保险

《中华人民共和国保险法》规定：被保险人须在保险事故发生后48小时内通知保险人，否则造成损失无法确定或扩大的部分，保险人不承担赔偿责任。也就是说如果事故发生超过48小时才通知保险公司（图6-1-5），同时也不能提供有效的财产损失证明，保险公司有权拒赔。

图6-1-5　未及时报保险

（6）改装车辆

在车辆损失险和全车盗抢险的免责条款中规定，车辆转送或增加车辆危险程度需要通知保险公司。增加车辆危险程度主要指改装车辆。现有法院判例已表明，改装了发动机的车辆发生车祸后，保险公司会合法拒赔。所以，车损险赔付的范围只是车辆出厂时的标准配置，自己加装的音响、电台、冰箱、尾翼、行李架等，如果没有单独投保车辆新增设备险，一旦撞了造成损失，保险公司不会对此赔偿，只能自己承担损失。

（7）故意毁坏车辆

这里说的故意毁坏是保险公司的说法，除了那种骗保的情况外，还有一些是你在不知情时被划分进入此条的。比如你在车内放置打火机、发胶、空气清新剂等易燃易爆物品（图6-1-6），发生爆炸后风挡玻璃被炸碎，这种情况在保险公司那里就算作故意毁坏车辆，是不能得到赔偿的。

图 6-1-6 车内放置易燃易爆品

（8）酒后驾驶

针对酒后驾驶，交规里有严格的明文规定，驾驶员在驾驶机动车时，血液中的酒精含量大于等于20毫克/100毫升，属于饮酒驾驶。而血液中的酒精含量大于等于80毫克/100毫升，则属于醉酒驾驶。

❶ 对于饮酒驾驶，造成第三方损失，保险公司会在交强险责任范围

内对第三者给予赔付。

❷ 对于醉酒驾驶，保险公司最多在交强险范围内垫付抢救费用，事后再向肇事者追偿。

关于饮酒开车所造成的交通事故，大多数保险的责任免除条款都有列明。

被保险人酒后驾驶、无合法有效驾驶证驾驶，或驾驶无有效行驶证的机动车，导致被保险人伤残、身故的，保险公司不承担给付保险金的责任。就是说，只要交警通过现场查勘，认定是因驾驶员“酒后驾车”而出现的事故，无论是饮酒驾驶还是醉酒驾驶，对于商业车险来说，保险公司都不予以赔付；但交强险则规定，“驾驶人醉酒”情况下发生保险事故属除外责任，保险公司需负责垫付和赔偿（图6-1-7）。

图 6-1-7　醉酒驾驶

扫一扫
视频精讲

6.1.2　保险公司原因

（1）保险费交清前发生的保险事故

基本险通用条款第八条写明，除保险合同另有约定外，投保人应在保险合同成立时一次交清保险费。保险费交清前发生的保险事故，保险人不承担保险责任。

同时，《中华人民共和国保险法》规定：如果在超过规定的期限六十日内未支付当期保费，保险合同效力也中止，或者由保险人按照合同约定的条件减少保险金额。除非另有约定，否则此时的保险合约也就相当于一纸空文（图6-1-8）。

图 6-1-8　保险过期

（2）车灯或者后视镜单独破损

某些不合法的修理厂，利用换下来的破损车灯或者后视镜（图6-1-9）装到车型相同的其他车上来骗取赔款，保险公司为了防范此风险，所以才有了这条可谓是损害车主利益的免责条款。

图 6-1-9　后视镜破裂

（3）涉水险二次打火

车辆如果上了涉水险，在涉水路面或车辆被水淹后发动机受到损害是可以得到赔偿的，但是如果自己又进行了二次打火（图6-1-10），那保险公司是可以拒赔的。

图 6-1-10 涉水二次打火发动机

（4）没经过定损直接修理

如果车辆在外地出险，车主需要先定损再修车（图6-1-11），否则保险公司可能以无法确定损失金额而拒绝赔偿。

图 6-1-11 外地出险

6.1.3 社会原因

（1）车辆修理期间出事故造成的损失

车辆在检测、维修、养护过程中造成的损失，以及车辆在出险后，送去维修的路上或者在维修过程中额外出现的意外损失，保险公司不予赔偿。因为保险公司认为维修点负有看管车辆的责任，车辆被盗或者损坏属于维修点的过失（图6-1-12）。

图 6-1-12　车辆举升事故

（2）在收费停车场丢车

对于在收费停车场被盗窃的车辆（图6-1-13），即便投了全车盗抢险，保险公司也不予赔偿。因为保险公司认为，收费停车场有看护、保管好车辆的义务。因此，如果车辆在类似场合被盗，作为车主应该保管好停车场的收费凭证或发票，必要时作为维护自身利益的证据。

图 6-1-13　车辆被盗

（3）车辆零部件被盗

“全险”并不代表“包赔一切”，2020年9月2日，中国银保监会发布了《关于实施车险综合改革的指导意见》（以下简称《意见》），该《意见》提出要“引导行业将机动车示范产品的车损险主险条款在现有保险责任基础上，增加机动车全车盗抢、玻璃单独破碎、自燃、发动机涉水、不计免赔率、无法找到第三方特约等保险责任”。倘若只是车辆零部件，如轮胎、音响设备等被盗走，保险公司不予赔偿（图6-1-14）。

图6-1-14　车轮被盗

6.2　拒赔典型案例

6.2.1　酒驾

（1）案情

乙公司就其名下机动车向甲保险公司投保了交强险。保险期内，乙公司员工许某醉酒后驾驶涉案车辆外出办理公司事务时撞到付某，许某负事故全部责任，并承担刑事责任（图6-2-1）。事故发生后，付某提起诉讼，要求就其损失由甲保险公司在交强险限额内承担赔偿责任，不足部分由乙公司承担赔偿责任。法院经审理后作出判决，甲保险公司在交强险限额内赔偿付某10万余元，乙公司赔偿付某8600元。甲保险公司向付某支付了保险金后，起诉至法院，请求判令乙公司支付赔偿款10万余元及利息。

图 6-2-1　酒后驾驶

（2）审判

法院认为，许某醉酒驾驶机动车造成第三人人身损害，甲保险公司在第三人提起的另案诉讼中就交强险部分承担了赔偿责任，依法可向造成事故的侵权人追偿。涉案车辆系乙公司所有，许某系乙公司员工，乙公司应当为其员工许某在履行职务行为过程中因交通事故造成第三人损害承担赔偿责任。故判决对甲保险公司要求乙公司赔偿相关费用并支付利息损失的诉讼请求予以支持。

（3）提示

保险公司在交强险责任范围内垫付抢救费用后，可向醉酒驾驶人或其单位追偿。对于醉酒驾驶人，不仅会因醉酒驾驶行为定罪入刑，而且保险公司对于交强险及商业险均免除赔偿责任，由醉酒驾驶人自己对事故受害人的人身损害或财产损失承担民事赔偿责任。在醉酒驾驶造成第三人人身损害的情况下，保险公司先行承担赔偿责任，垫付抢救费用后，有权向醉酒驾驶的致害人追偿。如醉酒驾驶人的行为属于履行职务行为，保险公司可向其所在单位追偿。因此，车辆单位及驾驶人均应遵守交通法规，严禁酒后驾车，维护正常交通秩序。

6.2.2　逃逸

（1）案情

龚某2019年11月6驾驶轻型货车，车头撞击前方同向成某骑行的无牌自行车尾部，导致成某当场死亡。事发后，龚某驾车驶离现场。交警部门经调查认为，龚某对前方路面动态情况疏于观察，遇情况反应不及，事发后驾车离开现场，是造成事故的直接原因。最终交警部门认定被告龚某负事故全部责任，成某不负事故责任。龚某被判交通肇事罪且属肇事后逃逸（图6-2-2）。成某的近亲属将龚某及保险公司告上了法庭。

图 6-2-2　肇事逃逸

（2）审判

法院查明，此次交通事故导致原告一方的损失金额为83万元。法院认为，龚某明知其驾车发生事故，未采取任何措施即驾车离开现场，案发后其拨打110报警时也未如实交代其交通肇事的事实，其驾车离开现场的行为从主观上看系逃避法律追究而逃跑的行为，已经构成交通肇事犯罪后逃逸加重情节，属商业第三者责任险条款约定的责任免除情形。法院认为，保险公司免除商业第三者责任险责任，仅在交强险范围内赔偿11万元，其余损失由车主及驾驶员承担。

（3）提示

车辆商业第三者责任险规定，事故发生后，被保险人或其允许的驾驶人在未依法采取措施的情况下驾驶被保险机动车或者遗弃被保险机动车逃离事故现场，或故意破坏、伪造现场、毁灭证据的，造成人身伤亡或财产损失，保险人均不负责赔偿。

6.2.3 改装车

（1）案情

投保人刘某为其所有的一辆货车在某财产保险公司投保了交强险及第三者责任险（保险金额50万元，并投保不计免赔），保险期限自2020年5月20日～2021年5月19日。2020年12月8日，驾驶员陈某某经刘某同意，驾驶刘某所有的上述货车由南向北行至江苏229省道某处时，恰逢吴某某驾驶电动自行车后载童某某由路东侧慢车道向西北斜过道路，货车驾驶员陈某某来不及采取措施，导致货车前部撞击到电动自行车尾部，致童某某死亡，吴某某受伤，两车受损。事故发生后，公安交通管理部门对肇事货车进行了相关检验并出具“车辆技术检验报告”，该报告载明肇事货车私自加高货厢栏板。“事故认定书”亦认定该车私自加高货厢栏板，并严重超载，并以陈某某违反了《中华人民共和国道路交通安全法》第四十八条第一款的规定，认定陈某某与吴某某承担事故的同等责任，童某某无责任。

（2）审判

2021年1月，童某某的亲属向法院起诉，称本起事故造成其损失32万余元，请求判令保险公司在交强险范围内赔偿损失，其余部分由陈某某、刘某赔偿60%，吴某某赔偿40%，同时请求保险公司在商业第三者责任险范围内对陈某某、刘某的赔偿部分承担赔偿责任。

保险公司理赔人员收到诉讼材料后，认为本案应构成保险条款约定的责任免除。根据《第三者责任保险条款》第十八条第二款约定，保险公司在第三者责任险范围内不予赔偿应满足四个条件：❶ 在保险期，本案所涉被保险机动车存在改装、加装等情形；❷ 改装、加装等情形导致被保险机动车危险程度显著增加，且危险程度增加与交通事故的发生有因果关系；❸ 投保人未就改装、加装等行为及时书面通知保险人；❹ 保险公司已就保险合同中包括本案所涉《第三者责任保险条款》第十八条第二款在内的相关责任免除条款向投保人履行了《中华人民共和国保险法》第十七条规定的提示和明确说明义务。

保险公司代理人提出在商业险内不予赔偿的观点，该观点经一、二审两次激烈的法庭辩论，最终，保险公司的观点得到法院的支持。法院依法判决，本案商业险保险公司不予赔偿。

（3）提示

生活中，有许多车主喜欢对车辆进行改装、加装，最常见的就是货车加高货厢栏板以增加载物量，对汽车的安全性产生影响。本案中，童某某付出了生命的代价，车主也为此得到了自赔数十万元的沉痛教训！而轿车的类似情况则主要表现为私自改装线路，加装大量的电子、电器设备，实则形成火灾安全隐患等。因此，作为保险人，在签订保险合同时向投保人履行明确说明义务尤为关键，保险业务经办人员应当具备这样的法律意识；而作为广大的车主，对车辆改装、加装要慎重，否则将面临保险公司拒赔的结局。

6.2.4　顶替出险

（1）案情

2021年2月23日凌晨，在吴中区郭巷某路口处，李某驾驶的车辆与金某驾驶的车辆发生碰撞，事故致两车受损，金某车上三人不同程度受伤。可在事故发生后，承担全责的李某不但不报警，还通知其朋友王某到场顶替后逃离现场。虽然受害车主认定王某不是事故发生时的驾驶员，但王某还是对交警谎称自己是车主。直至凌晨6时许，交警才至李某家中将其带回交警队，经过多次询问，李某才承认自己是真正的“操盘手”（图6-2-3）。

图6-2-3　严禁事故“顶包”

在承担受害人的医药费、财产损失、车辆修理费共计35736元后，李某拿着各项单据向保险公司申请理赔却遭到了拒绝。李某认为，肇事发生在保险期间，保险公司应赔偿车辆损失。而保险公司则认为，按照《机动车保险条款》相关规定，李某发生事故后逃离现场并找人“顶包”等行为已构成免责事由，保险公司有权拒绝赔偿。双方协商不成，李某将保险公司告上了法庭。

（2）审判

法院经审理后认为，根据《中华人民共和国交通安全法》第七十条规定：“在道路上发生交通事故，车辆驾驶人应当立即停车，保护现场……”原告李某在事故发生后身体状况良好，完全可以自行采取措施，但其既未保护现场，也未报警，更未对受伤人员送医救治，还指使他人到场顶替，其行为是对事故现场的严重破坏。故被告保险公司在第三者责任保险和机动车损失保险项下不负赔偿责任，但涉案事故符合强制险约定的责任范围，故判决保险公司给付原告强制保险赔偿金4836元。

（3）提示

肇事逃逸的行为是当事人缺乏诚信和责任心的表现。在此提醒大家，虽然发生事故后容易出现恐慌、畏罪和侥幸心理，但一定要及时报案，保护现场，积极救助伤员。逃逸意味着驾驶员放弃了对被害人采取抢救措施，并将被害人放到一个存在随时再度受到伤害的危险环境中，这不仅会影响肇事司机将来保险的理赔，而且其不履行及时救护的法定义务，又形成了新的违法行为，严重者或构成故意杀人。

6.2.5 扩大出险

（1）案情

2021年5月，李某为自家轿车投保了车辆损失险。同年10月，李某驾车外出，行至一山坡路段时，突然感到汽车出现一阵反常颠簸。停车查看，并未发现严重的损害，在接下来的行驶中，汽车连续3次发冲，挡位不清（图6-2-4）。

图 6-2-4　扩大出险案例

李某停车并与保险公司联系。在征得保险公司同意后，他将车拖至修理厂。修理厂检查后发现，该车的变速箱不仅外部严重受损，内部的阀体、轴承等部件也都烧损。修理厂建议更换变速箱总成，修理费预计4.5万元。车修好后，李某向保险公司索赔。保险公司在了解李某行车的全过程后认为，由于李某在车辆底盘托底后仍继续行驶，导致变速箱内部受损。于是，保险公司决定缩小赔偿范围，只赔付变速箱外部损失。李某因此和保险公司发生争议，遂打电话诉至行业协会调解委员会。

（2）调解

保险公司认为，变速箱内部烧结是由于发生保险事故后，李某未采取适当措施检查修理反而继续行驶所致，属扩大的损失。对扩大的损失保险公司不予赔偿。李某则认为，作为一名普通司机，只有通过车辆能否继续行驶才能判断是否发生了保险事故，自己继续驾车行驶的行为并无不妥，保险公司理应赔偿全部损失。调解员认为，本案车辆的事故症状并非普通司机所能准确判断。李某作为一名普通司机，缺乏专业修理知识，其主观上无法知道保险事故已经发生，只有通过车辆能否继续行驶才能判断是否发生了保险事故。也就是说，李某在保险事故发生后未经必要修理而继续使用车辆，不存在故意扩大事故损失的主观故意。因此，保险公司应当考虑赔偿李某的全部损失。结合保险法相关内容，调解员对保险公司进行了说服工作。最终，保险公司同意赔付李某此次事故中保险车辆的全部修理费用45000元。本案争议就此化解。

（3）提示

在大家日常使用车辆的过程中，发现车辆异常后，尽量不要继续使用车辆，应先咨询4S店，或者在原地等待救援。“二次伤害会让保险赔付变得复杂，更重要的是，也可能会给驾驶员带来安全隐患”。以下这些情况可能导致保险拒赔：❶ 发现车辆漏油、漏水后，仍然启动车辆行驶；❷ 发动机进水后仍启动；❸ 听到车辆有异响，闻到车辆有异味，仍启动车辆继续行驶。

6.2.6 夸大损失

（1）案情

宋某起诉称，2020年4月16日上午，他开的捷达车与路面挡水坡发生拖底，随后联系所投保的保险公司定损，定损员确定损失金额仅为1500元。车辆修理过程中，维修站又发现了其他损坏部件，如皮带断裂、发动机严重受损。他多次联系保险公司未果，便将对方告上法庭索赔车辆损失3.8万余元（图6-2-5）。

图6-2-5 夸大损伤

（2）审判

对此，保险公司不予认可，认为这些更换项目与拖底事故无关。经其申请，法院委托鉴定机构对捷达车事故损失与维修项目的关联性进行了鉴定。鉴定结论显示，与拖底事故具有关联性并且实际进行了更换和维修的配件价格不高于1590元。最终，法院判决保险公司支付宋某车辆修理费1590元，承担诉讼费用，驳回了宋某的其他诉求。

6.2.7　故意造案

（1）案件

2019年6月28日，被害人张某某将一辆有轻微损伤的小型普通客车送至吴某锋、陈某峰共同经营的某汽车维修服务有限公司进行维修、保养。然而，吴某锋、陈某峰、高某丰经预谋后，采用购买部分旧配件更换汽车原有配件，并由高某丰指使郭某驾驶该车故意与他人车辆碰撞的手段，骗取保险公司赔偿。2020年7月11日，郭某驾驶该车故意与被害人张某某驾驶的汽车相撞，造成两车损失共计39833元。随后，保险公司赔付了被害人张某某的车辆维修费用人民币27200元，其中部分用于赔付郭某驾驶的车辆损坏费用（图6-2-6）。

图6-2-6　造案骗保

（2）审理

2021年7月21日，经吴江区检察院提起公诉，被告人吴某锋、陈某峰、高某丰、郭某被法院以犯故意毁坏财物罪，分别判处10个月至8个月不等的有期徒刑。被告人吴某锋、陈某峰、高某丰、郭某均自愿认罪，并赔偿受害人损失，取得其谅解。

（3）提示

办案检察官介绍，一般情况下，涉及汽车的骗保行为大多是由投保人即车主实施，但近年来出现了维修厂利用送修车辆骗保的新型犯罪。本案中，吴某锋等人将配件更换后，人为制造事故进而骗取保险金的行为，警醒车主在送修汽车时应尽量去正规4S店。同时，保险公司在进行理赔时，要对在维修过程中发生事故并申请理赔的车辆加强审核，细化对车辆零配件的检查，防止不法修理商借机骗保。

第7章
退保转保

7.1 保费的退还

7.1.1 退保的原则

汽车退保的原因主要有以下四点。

❶ 汽车按规定报废；

❷ 汽车转卖他人；

❸ 反复保险，为同一辆汽车投保了两份相同的保险；

❹ 对保险公司不满意，想换保险公司。

退保的车辆必须符合下述条件。

❶ 车辆的保险单必须在有效期内；

❷ 在保险单有效期内，该车辆没有向保险公司报案或索赔过可退保（图 7-1-1），从保险公司得到过赔偿的车辆不能退保，仅向保险公司报案而未得到赔偿的车辆也不能退保。

图 7-1-1　车辆退保

7.1.2　退保的技巧

（1）退保流程

❶ 递交退保申请书（说明退保原因和从什么时间开始退保，签上字或盖上公章）。

❷ 保险公司审核后出具退保批单（批单上注明退保时间及应退保费金额，同时收回汽车保险单，电子保险单不需要回收）。

❸ 领取应退保险费（持退保批单和身份证到保险公司的财务部门领取）。

（2）退保所需单证

❶ 退保申请书（图7-1-2）。

❷ 保险单原件（图7-1-3）。若保险单原件丢失，则需事先补办。

图 7-1-2　退保申请书

图 7-1-3　保险单原件

❸ 保险费发票（图7-1-4）。

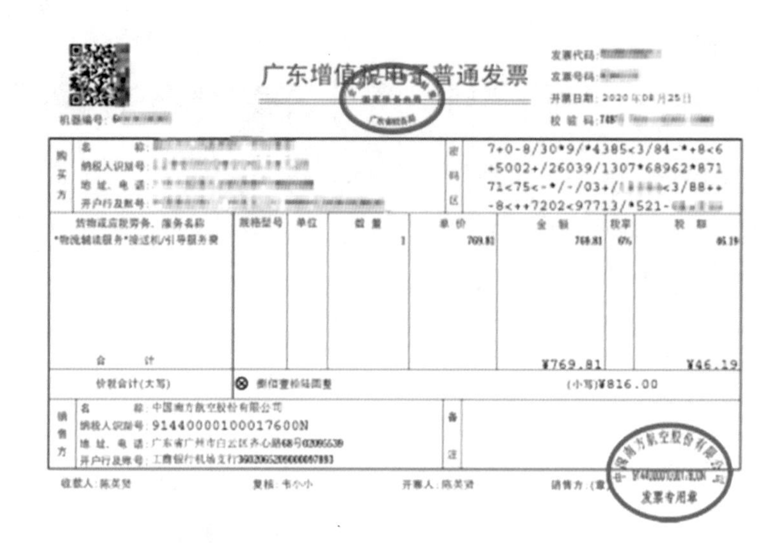

广东增值税电子普通发票

开票日期：2020年08月25日

购买方	名称： 纳税人识别号： 地址、电话： 开户行及账号：	密码区	7+0-8/30*9/*4385<3/84-*+8<6 +5002+/26039/1307*68962*871 71<75<-*/-/03+/<3/88++ -8<++7202<97713/*521-

货物或应税劳务、服务名称	规格型号	单位	数量	单价	金额	税率	税额
*物流辅助服务*接送机/引导服务费			1	769.81	769.81	6%	46.19
合计					¥769.81		¥46.19
价税合计（大写）	⊗捌佰壹拾陆圆整				（小写）¥816.00		

销售方	名称：中国南方航空股份有限公司 纳税人识别号：91440000100017600N 地址、电话：广东省广州市白云区齐心路68号 开户行及账号：工商银行机场支行	备注	

收款人： 复核： 开票人： 销售方：（章）

图7-1-4 保险费发票

❹ 被保险人的身份证明（图7-1-5）。

图7-1-5 被保险人的身份证明

❺ 证明退保原因的文件。

a. 因车辆报废而退保，需提供报废证明；

b. 因车辆转卖他人而退保，需提供过户证明；

c.因重复保险而退保，需提供互相重复的两份保险单。

退保损失依据《机动车商业保险示范性条文》的要求，对于车险投保后，立即造成3%的服务费，该笔费用是立即交由保险公司的。假如退保的时间段在汽车保险起效以前，退回的费用为已交保险费用的97%；假如退保时间在汽车保险起效以后，退回的费用为在扣减3%服务费的基础上，再减掉早已产生阶段的费用依照每个月10%的损失测算，不足一个月的依照一个月收费（图7-1-6）。

（a）

（b）

图7-1-6　退保损失

7.2 保费的转让

7.2.1 转让原则

（1）汽车保险过户方式

❶ 主要进行保单要素的一些批改，关键是批改被保险人与车主。所需要的资料比较简单，带上保单和车辆过户证明，由原来的车主到原来买保险的保险公司营销网点去办理即可（图7-2-1）。

❷ 申请退保，即把原来那份车险退掉，终止以前的合同。这时只需要缴纳从投保开始到退保期间的保费，其他的保费保险公司会相应退还。新车主可以到任何一家保险公司去重新办理一份车险。

图7-2-1 保险过户

这种情况下，退保时所需要的资料，除了保险单外还要身份证。重新投保的时候，只需提供新的行驶证或者车辆过户的证明就可以投保了。

（2）注意事项

外地牌照的车辆，最好选择在主要的行驶地投保，因为异地投保，一旦出现事故在查勘定损、理赔处理、客户服务等方面可能会遇到诸多不便。

7.2.2 转让技巧

❶ 二手车买卖，交强险一般会有，有的车辆商业险也会有，而消费

者在购买二手车后，一定要及时地将保险过户到自己的名下（图7-2-2）。否则一旦需要出险，新旧车主就都需到场，而且保险中的责任方也很难判定。

图 7-2-2　车险转让

❷ 二手车保险除交强险外，对于其他商业险，如果原车主连续投保几年之中没有出过险，新车主在同一家保险公司可能会享受到保金优惠。同样，如果前一名车主由于连续出险导致保单续费加价，新车主可以考虑换一家新的保险公司。

❸ 在出售车辆前，可以把相应保险（车辆损失险、全车盗抢险等）退保，这样也能回收一部分资金（图7-2-3）。

图 7-2-3　二手车保险

第8章 车险事故场景模拟

8.1 单方事故

8.1.1 车辆小剐蹭

（1）场景案例

张小姐刚买新车，因为刚拿到驾照，对车辆操作不熟练，驶出车库过程出现左前杠与地柱发生轻微剐蹭（图8-1-1）。

图8-1-1　轻微剐蹭

（2）紧急事故应对

第一时间开启危险警示灯，并在车后放置危险警示标识，以便提醒后方车辆注意绕行，避免二次事故发生。

小剐蹭一般可以不用走保险，车主自行承担相关修理费用即可，因为车辆一旦出险会影响来年车险享受优惠，很可能得不偿失，具体需由车主自行考量决定，走保险的话，保险公司会承担相应的修理费用。

（3）责任划分

单方面的小剐蹭属于个人全责。

（4）法律依据

《道路交通事故处理程序规定》第十九条规定，机动车与机动车、机动车与非机动车发生财产损失事故，当事人应当在确保安全的原则下，采取现场拍照或者标画事故车辆现场位置等方式固定证据后，立即撤离现场，将车辆移至不妨碍交通的地点，再协商处理损害赔偿事宜，但有本规定第十三条第一款情形的除外。

（5）事故警示

小剐蹭尽量不走保险，因为自己把车辆开去维修店补漆，所产生的费用也不会太高。如果是非要走保险的话，保险公司也会给予理赔。不过第二年的保费，会因为出险次数的增多而增加不少。增加的保费中可能已经包含了这次补漆的费用，或者保费还要更高一些。这是因为，按照保险公司的规定，为新车第一次买保险的保费是3000 ~ 4000元，若车辆在一年中没有出险，那么第二年的保费会相应减少，如果连续两年或者三年都没有出险，其保费也会相应减少，最少可能会减至2000元左右。

如果出险一次，则和上一年的保费是一样的；出险两次，其保费会有很大程度的增加；如果出险两次以上，其费用会大大增加（表8-1-1）。

表 8-1-1　出险次数与保费的关系

上年出险次数	次年保费系数
5 次及以上	2
4 次	1.75
3 次	1.5
2 次	1.25
1 次	1
新车保险	1
未出险	0.85
连续两年不出险	0.7
连续三年不出险	0.6

如果出险5次，第二年的保费和连续三年都没有出险的保费相比较，光是在保费上的差距就不止1000元了。当然，车辆发生交通意外是谁都

预料不到的，所以一年之中需要出险几次，可能谁都无法预料，所以没必要把这些“宝贵”的出险次数用在车辆剐蹭上面，否则是很不划算的。

8.1.2　车辆停放在停车场时受损

（1）场景案例

2022年6月的一天，刘女士发现自己停放小区停车场的宝马爱车两个后视镜被盗（图8-1-2），维修该车共花费3.2万元。经调查未寻找到任何有价值的线索，刘女士与物业公司就维修事宜进行协商，但双方未能达成一致意见。

图 8-1-2　后视镜被盗

（2）紧急事故应对

先报警，由警察立案处理，依据警察的提示进行操作，在没有任何线索的情况下可通过警察的事故认定书找到物业相关部门进行协商或申请法律援助。

（3）责任划分

车辆在收费停车场正常停放，本车无驾驶员在车上，车辆损坏造成的损失由收费的停车场负责赔偿。保险公司一般会拒赔。

我国《物业管理条例》亦明确规定了物业公司在协助维护小区治安秩序，保护业主人身、财产安全方面的义务。物业公司保管业主车辆的义务既来源于合同的约定，也来源于法律的规定。业主将车辆停放在小区内，如果由于物业公司管理方面存在重大过失导致发生损失，业主有权利向物业公司要求赔偿（图8-1-3）。

图 8-1-3 业主停车场车辆受损

（4）法律依据

车主在与物业公司签订《车位租用协议》时，合同是物业公司提供的格式合同，该合同在一定程度上免除了物业公司的赔偿责任、加重了车主的责任、排除刘女士的主要权利。根据《中华人民共和国合同法》以及《最高人民法院关于适用〈中华人民共和国合同法〉若干问题的解释（二）》相关规定，《车位租用协议》的免责约定应属无效，法院不予支持。

因此在涉及该事故过程中建议车主采用诉讼的形式进行，一般情况下法院都会给予支持。

（5）事故警示

车辆在非收费停车场受到其他车辆或者责任人碰撞损坏造成的损失，要向所在地公安机关报警，根据事故类型、性质确定当事人责任以后，按照责任赔偿情况申请保险赔付。在无法确定责任人的情况下，机动车所有人或者投保人可以直接向保险公司报案，在投保车损保险的有效期以内，向承保的保险公司直接申报理赔，一般的保险公司会按照合同赔偿70%左右的直接经济损失。

很多车主认为，如果自己交了停车费，车辆停在停车场内，车辆或车内的物品有损害或丢失，这个责任不是由停车场担负吗？事实上不是的，停车场只承担因车辆被盗时，导致车辆损坏的修车费，而车内物品的损失只能自己承担，因为法规规定车主存放车辆时，应该将手提电脑等贵重物品交给管理人员单独保管或明确告知车辆管理人员。

所以在停放车辆时，最好是把车上贵重的物品带走。

其实在停车受损这个问题上，并没有一个标准化的处理流程，且责任认定与赔付环节也较为费时、费力。但是，车主完全可以通过合法途径获得相应赔偿。而在这之前，更应做到文明有序地停车，并加强自身的安全保护意识，尽量减小停车事故的发生概率。

8.1.3 车辆代驾事故

（1）场景案例

某日，刘女士与同事一起外出吃饭，后又到KTV唱歌，当晚气氛欢乐，大家都喝了不少酒，只有一位同事没有喝酒。凌晨一点，大家才有倦意，走出KTV后，大家商量由那位没有喝酒的同事驾驶刘女士的车，把同事们都一一送回家，对此，大伙儿都没有反对。没想到行驶到一个路口时，驾车的同事稍不留神就撞上了一辆行驶中的电动车，电动车驾驶人应声倒地（图8-1-4）。

图8-1-4 车辆与电动车事故现场

（2）紧急事故应对

情况1：双闪灯打开，在车辆后方150米处放置危险警示三脚架，如电动车车主没有大碍，可协商私下赔付，自行承担修车费用。

情况2：双闪灯打开，在车辆后方150米处放置危险警示三脚架，如电动车车主受伤，第一时间拨打120、110、保险公司电话，保护好伤员，在现场等候。

（3）责任划分

这种情况多发生在亲戚朋友之间，属于无偿帮工关系。一般情况下，代驾人发生事故，由车辆所有人负责，当然代驾人存在故意或重大过失事故也要承担连带责任。

（4）法律依据

根据《最高人民法院关于审理人身损害赔偿案件若干问题的解释》相关规定，为他人无偿提供义务的帮工人，在从事帮工活动中致使人损害的，被帮工人应当承担赔偿责任。被帮工人明确拒绝帮工的，不承担赔偿责任。帮工人存在故意或是重大过失的，赔偿权利人请求帮工人和被帮工人承担连带责任，人民法院予以支持（图8-1-5）。

图8-1-5　帮工人承担连带责任

（5）事故警示——代驾出了事故怎么处理?

最正确的做法就是先报警处理，打开危险指示灯（双闪灯），并在车辆后方150 ~ 200米设置安全警示标志，拍照保留现场并且撤离到安全地方，同时通知保险公司查勘理赔。一般情况下，代驾人非故意或重大过失引起的交通事故，先由保险公司赔偿，不足部分由车主或代驾人承担，代驾人故意或重大过失需承担连带责任。

一般情况下，代驾人会投保代驾责任险，所以如果是代驾人把车撞了，则不需要动用车主的交强险、商业车险等，而是直接由代驾责任险赔偿。

❶ 有偿代驾——被代驾人免除责任。

根据《中华人民共和国侵权责任法》第四十九条，因租赁、借用等情形机动车所有人与使用人不是同一人时，发生交通事故后属于该机动车一方责任的，要由保险公司在机动车强制保险责任限额范围内赔偿。不足的部分，要由机动车使用人承担责任；机动车所有人对损害的发生有过错行为的，承担相应的赔偿责任。

❷ 雇人代驾——按照雇佣关系处理。

车主花钱雇人开车，就形成雇佣关系。如果代驾人把车蹭了，按照车主投保险种，除由保险公司承担保险责任外的，超出部分由车主承担，当然故意或重大过失致人伤害，要承担连带赔偿责任。

❸ 公司代驾——要按照委托关系处理。

一般在代驾前都会和代驾公司签订代驾服务书面合同，形成委托合同关系。如果代驾人把客户车剐蹭了，先由保险公司承担保险责任，保险不足赔偿部分由代驾公司赔偿。

❹ 酒店代驾——按照消费合同处理。

这种专门为客户提供代驾的服务属于餐饮行业的延伸服务，也是消费行为的延续，所以从众多代驾人剐车案例中不难发现，由于酒店没有尽将顾客安全送到目的地的义务，违反合同约定，因此应承担保险不足赔偿部分，如果遇到代驾人撞车不赔，可上诉法院。

酒后有偿代驾可要求司机务必将车辆停放好，如在小区地库等地方酒后发生事故保险公司不给予赔付，严重者将面临刑事责任。

8.1.4 车辆外借事故

（1）场景案例

李女士因着急出门，向同事唐先生借爱车外出，车辆行驶至某岔路口段发生碰撞，造成两车损坏，王某某重伤，经过调查李女士的驾驶证过期。

当别人借车发生了事故，车主还要承担责任吗（图8-1-6）？

图 8-1-6 车辆外借事故

（2）紧急事故应对

打开危险指示灯（双闪灯），在车辆后方150米处放置危险警示三脚架，若事故中有人员受伤，第一时间拨打120、110、保险公司电话，保护好伤员，避免二次事故，在现场等候。

（3）责任划分

道路交通事故认定书认定：李女士负该事故全部责任，王某某无责任；小型轿车所有人唐先生在未核实李女士驾驶资格的情况下把车借出（图8-1-7），最终造成事故，车主也要承担连带的赔偿责任。

图 8-1-7 核实驾驶资格

（4）法律依据

《中华人民共和国侵权责任法》相关规定："因租赁、借用等情形机动车所有人与使用人不是同一人时，发生交通事故后属于该机动车一方责任的，由保险公司机动车强制保险责任限额范围内予以赔偿；不足的部分，由机动车使用人承担赔偿责任；机动车所有人对损害的发生有过错的，承担相应的赔偿责任。"《中华人民共和国道路交通安全法》相关规定："机动车发生交通事故造成人身伤亡、财产损失的，由保险公司在机动车第三者责任强制保险责任限额范围内予以赔偿。不足的部分，按照下列规定承担赔偿责任：机动车之间发生交通事故的，由有过错的一方承担赔偿责任；双方都有过错的，按照各自过错的比例分担责任。"

（5）事故警示

❶ 车主无过错，要符合以下条件：

a. 借车的人有驾照且未吊销和过期；

b. 驾照类型符合驾驶车型，例如C2类型的驾照就不能开C1类型的车；

c. 对方借车时是否有酒驾、毒驾等法律禁止行为；

d. 如果车主在明知对方喝过酒的情况下把车借出，最终造成事故的，那车主要承担连带的赔偿责任。

❷ 借车给别人出了事故，以下情况保险公司不赔：

a. 未经车主同意2次转借的，保险公司不赔；

b. 在保险的免责条款当中，有一条明确规定，即未经被保险人同意或允许而驾车造成的损失，保险公司可以拒赔；

c. 对方驾照不合法、驾照类型不符、酒驾的，保险公司不赔；

d. 与前面的法律责任一样，如果在明知对方无驾照、驾照过期、驾照吊销，或者驾照类型不符合、酒驾、醉驾的情况下把车借给对方，出了事故保险公司也是可以拒赔的，这个在保险的免责条款当中同样有明确的规定。

8.1.5 车辆涉水事故

（1）场景案例

2022年7月20日，河南省遭遇极端强降雨天气，郑州市多个国家级气象观测站日降雨量突破有气象记录以来历史极值。暴雨席卷之下，导致多处道路积水，内涝严重，不少车辆困在水中。那么车辆被淹后的损失，保险公司赔吗？怎么赔？赔多少？

李某某驾驶牌号为沪FP××××的轿车行驶至郑州，恰遇暴雨，行驶中保险车辆熄火。原告遂与被告取得联系，并按照被告的指示在原地等待施救（图8-1-8）。当日下午，牌号为沪FP××××的轿车被送至上海某汽车服务有限公司（下称“4S店”）。经4S店检测，保险车辆熄火系因暴雨所导致，并在熄火后多次尝试启动车辆，使发动机内部损坏严重。原告遂委托4S店进行维修并支付了修理费222000元。保险车辆投保于被告处，事故发生于保险期间内。一周后，原告向被告提出理赔本次事故保险车辆修理费222000元，不料被告知本次事故只能理赔148000元，剩余74000元以发动机进水损坏不属于其赔偿范围为由拒绝支付。

图 8-1-8 车辆涉水

（2）紧急事故应对

车辆行驶过程熄火，不要再次打火，第一时间拿走车上贵重物品离开，到达安全地点后打电话给保险公司求助。

（3）责任划分

车辆如果是在行驶过程中熄火被淹（图8-1-9），保险也会全额赔付（最新的车险条例）。这里要注意一个情况，如果车辆被水淹后，进行了二次启动，这样即使有全险，保险公司也不会进行任何赔付。

图 8-1-9 车辆涉水熄火

（4）法律依据

中国银保监会《关于实施车险综合改革的指导意见》提出："引导行业将机动车示范产品的车损险主险条款在现有保险责任基础上，增加机动车全车盗抢、玻璃单独破碎、自燃、发动机涉水、不计免赔率、无法找到第三方特约等保险责任，为消费者提供更加全面完善的车险保障服务"。

（5）事故警示

汽车被淹了怎么处理？

❶ 出险报警，如果被保险车辆涉水熄火，那么一定不要再次启动，而是应该拨打保险公司电话，告知保险公司情况。

❷ 保险公司赔不赔，赔多少，都是要通过定损后才能确定的，所以要对现场进行拍照取证，及时拍下现场照片和车辆的受损情况，以便定损员进行定损。

❸ 车主施救自身车辆所产生的费用也是可以由保险公司来报销的，所以如果发生车辆涉水，车主要打电话叫救援车来拖车，不要启动车辆。

8.2 双方事故

8.2.1 新能源车自燃

（1）场景案例

某日凌晨，深圳的一个新能源汽车充电站发生一起因车辆起火引起爆炸事故，现场共3辆新能源车受到不同程度的损坏，所幸无人员伤亡（图8-2-1）。

图 8-2-1　车辆充电过程自燃

（2）紧急事故应对

大声呼救，寻求专业人员断开充电站总电源，立即拨打119火警电话，告知其他车主及时挪车，在安全的情况下使用灭火器进行灭火，同时打电话给保险公司和4S店等候现场查验。

（3）责任划分

谁先起火谁负责（此项应该由专业技术人员勘验）。例如，在投保足额保险的情况下，充电站故障起火由充电站保险公司负责赔付，如车辆故障起火，由厂家或所投保的保险公司进行赔付。

如果是车主或他人的人为原因导致起火，例如在车上放置可燃物、随意改装车辆导致线路故障或异常等，这种情况下的事故责任则需要由车主自己或是施害方承担。

（4）法律依据

据《产品质量法》，因产品存在缺陷造成人身、他人财产损害的，受害人可以向生产者或产品的销售者索赔。所以，若车辆自燃是由产品缺陷导致的，那责任将由生产厂家或售车的门店承担。

而针对新能源汽车的自燃问题，《征求意见稿》则规定在保险期间内，被保险人或被保险新能源汽车驾驶人在使用被保险新能源汽车过程中，因自然灾害、意外事故（含起火燃烧）造成被保险新能源汽车车身、电池及储能系统、电机及驱动系统、其他控制系统，以及其他所有出厂时的设备的直接损失，且不属于免除保险人责任的范围，保险人依照保险合同的约定负责赔偿。

（5）事故警示

从2019年5～8月不到4个月的时间里，新能源汽车国家监管平台共发现79起安全事故，涉及车辆96辆。其中，在已经查明起火原因的车辆中，行驶状态的车辆比例为41%，静止状态的车辆比例为40%，充电状态的车辆比例为19%。由此可见，与行驶状态、静止状态相比，充电状态并非占大部分。

新能源汽车自燃很大程度上会引发周围的充电站或者停放车辆的财产损失，目前定责的关键在于自燃发生的原因，若是质量问题又在质保期，那么基本就确定是厂家的责任；若是电路改装等个人原因，那只能由车主自己承担，因此车主在购买全险的同时仍需注意以下几点。

❶ 应选购、使用已经获得生产许可证的厂家生产的质量合格的电动车、充电器和电池，不要违规改装电动车，不要使用不合格的电池。

❷ 充电时严禁用物品覆盖住充电器，应保持充电器通风散热，检查充电器的风扇是否运转。

❸ 请到地下车库指定地点进行充电，严禁私拉乱接电线进行充电。

❹ 加强日常自查自检。需经常对电动车的电线、电路等方面进行检查，防止接触不良引起接触点打火、发热，避免线路老化、磨损而造成短路、串电事故的发生。

❺ 无需充电的电动车应停放在指定的地点，请勿和正在充电的电动车放在一起，以防火灾事故造成更大损失。

8.2.2 车辆加塞发生剐蹭

（1）场景案例

2022年7月22日13时20分许，在京藏高速出京方向北沙滩桥附近，陆某（男，47岁）驾车违反规定变更车道，发生剐蹭事故（图8-2-2），然后下车辱骂对方驾驶员，将对方车辆反光镜、多处车窗玻璃砸碎毁坏，并导致对方手臂被划伤。

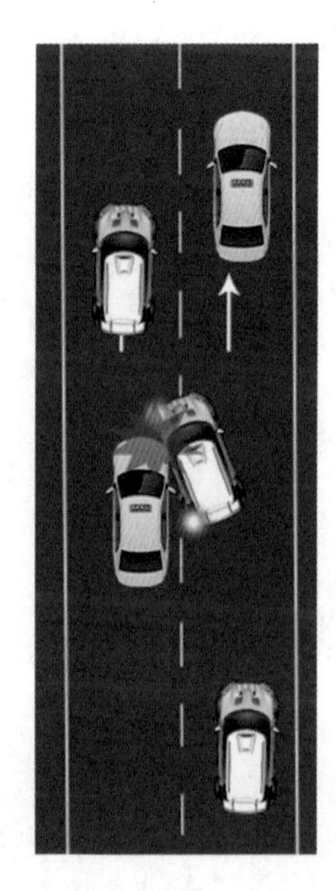

图 8-2-2 车辆加塞事故

（2）紧急事故应对

路上车辆都在规规矩矩地正常行驶，可偏偏有个别车辆不能自觉文明行车，强行“变道加塞”，影响正常通行，这种既不文明又危险的驾驶行为，极易引起交通事故。

遇到类似问题应该立即开启危险警告灯，如果责任明确可拍照后上传至交警12123 APP，快速处理。保险公司形成报案号通过后，可先撤离现场。如责任不明确，对方情绪比较激动，建议立即拨打110，在车内等候交警的协调（图8-2-3）。

图 8-2-3　友善处理交通事故

（3）责任划分

一般来说，如果自己加塞被撞，肯定是自己的责任。但是根据具体情况不同，加塞被撞的责任划分也会有所差别，以下具体说明。

❶ 加塞并线发生剐蹭：一般来说，有些驾驶人易在红绿灯路口加塞，如果因为加塞并线造成后车追尾，这肯定是加塞车的全责了。

❷ 后车从右侧超车后追尾：如果后车从右侧超车，并在超车后发生追尾，这就是后车的责任了。因为根据我国道路交通安全法规定，禁止从右侧超车，从右侧超车就属于违法行为。

❸ 压线追尾：如果压了实线并造成追尾，那么无论是什么情况，都是压线车驾驶员负全责。因为根据我国道路交通安全法规定，汽车在行驶时禁止超越实线行驶。

（4）法律依据

《中华人民共和国道路交通安全法实施条例》相关规定：机动车转弯、变更车道、超车完毕驶回原车道、靠路边停车时，都应提前开启转向灯；不按照规定使用灯光的，可能面临记分和罚款的处罚；在道路同方向划有2条以上机动车道的，变更车道的机动车不得影响相关车道内行驶机动车的正常行驶。

（5）事故警示

汽车行驶时需要注意的事项如下。

❶ 汽车在行驶时要遵守交通规则，按照道路标志行驶，禁止压线。

❷ 文明开车，不要乱加塞、乱变道。

❸ 汽车在行驶时要与前车保持车距，预判道路情况，提前刹车。

（6）如何防止“加塞”

市区、高速公路、坡路等不同路段，防止“加塞”的技巧有所不同。行车线路过于靠右或靠左，在侧面就给加塞车留出了空当。应对技巧：

❶ 尽可能保持在车道中央行驶；

❷ 安全情况下，左侧有车加塞就往左侧适当靠一些，右边有车加塞就适当往右侧靠一些；

❸ 不要与其他车辆贴太近，防止剐蹭；

❹ 遇到强插车辆，不要与其斗气，让就让了，安全第一。

（7）安全变道小技巧

❶ 变道前，需频繁观察后视镜，做到对后方车况心中有数（图8-2-4）。如后方车辆密集，不要强行变道，避免扰乱道路秩序，造成交通堵塞或发生交通事故。

❷ 如当前路况允许变道，需提前开启转向灯3秒，以便周围车辆了解变道意图，避免发生剐蹭（图8-2-5）。

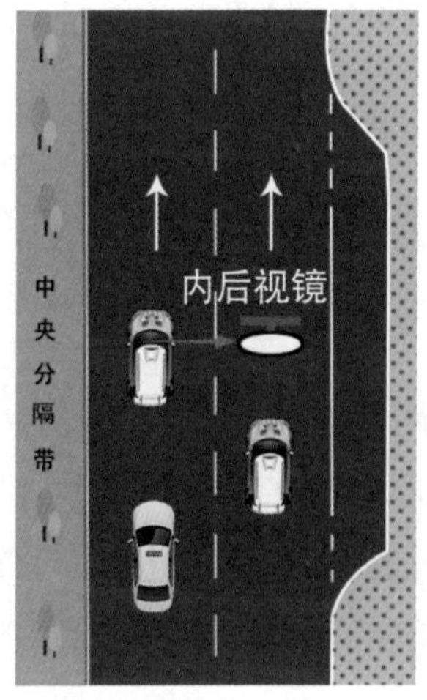

图8-2-4　变道技巧——观察后视镜

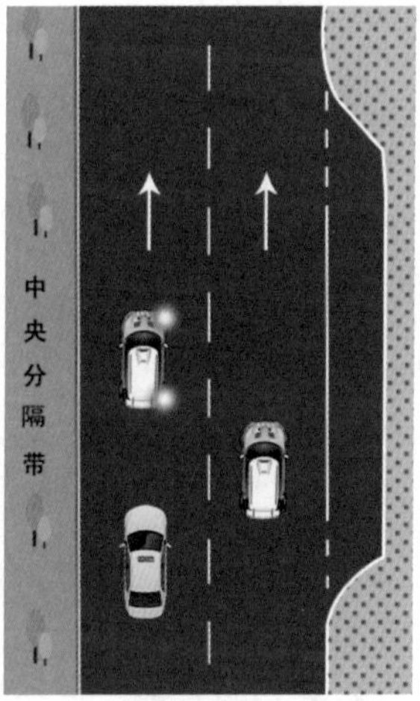

图8-2-5　变道技巧——打开右转向灯

❸ 后视镜存在盲区，在保证行车安全的情况下，变道前可在原车道稍加速或减速，通过速度差改变车辆位置，并充分观察后方车辆情况

（图8-2-6）。

❹ 决定变道时，应轻打方向加速变道，不可长期占用超车道（图8-2-7）。

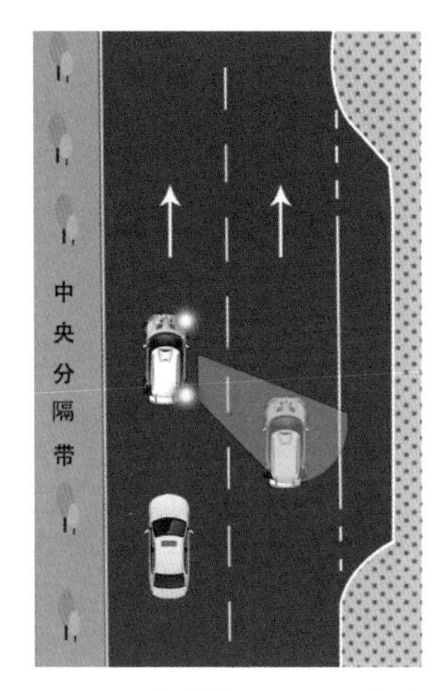

图 8-2-6　变道技巧——观察盲区

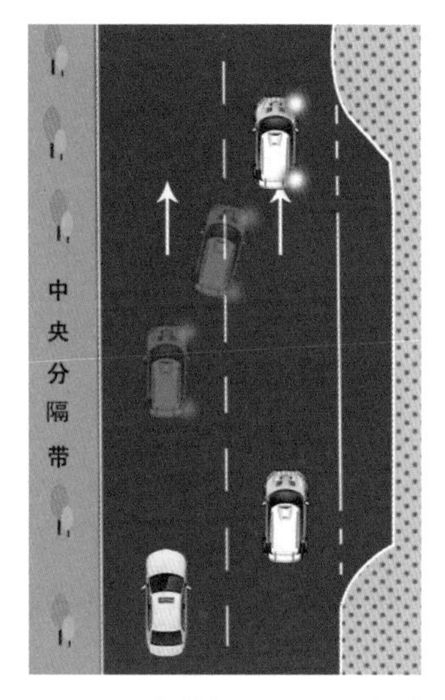

图 8-2-7　变道技巧——向右转向

8.2.3　电动车违章发生交通事故

（1）场景案例

近年来，两轮电动自行车呈激增态势，大街小巷随处可见。随之带来的逆行、超载、闯红灯等交通违法行为屡见不鲜。王先生驾驶自己的爱车在机动车道上正常行驶，与骑着电动车逆行的送外卖人员发生碰撞（图8-2-8），导致车辆受损严重，送外卖人员2根肋骨骨折，多处软组织受伤。

图 8-2-8　与电动车发生碰撞

（2）紧急事故应对

电动车事故处理简易程序：

❶ 立即停车，避免危险；

❷ 及时报警；

❸ 抢救伤者，确保安全；

❹ 若事故中有人受伤，除轻伤者本人拒绝去医院外，应迅速想办法将伤者送到医院抢救治疗。对于能采取抢救措施的，应尽最大努力抢救。

保护现场，拍照取证，电动车事故处理一般程序：

❶ 交警部门查勘现场后确定事故责任，出具责任认定书；

❷ 申请伤残鉴定，以鉴定为准进行索赔；

❸ 双方当事人对事故达成和解；

❹ 当事人进行起诉；

❺ 按实际损失赔偿，具体赔偿范围和标准可参看《最高人民法院关于审理人身损害赔偿案件适用法律若干问题的解释》。

（3）责任划分

因电动车逆行（违章）应承担事故主要责任，机动车驾驶员承担不超过10%的事故责任（图8-2-9）。

图 8-2-9　电动车违章行驶

（4）法律依据

《中华人民共和国道路交通安全法》相关规定：机动车发生交通事故造成人身伤亡、财产损失的，由保险公司在机动车第三者责任强制保险责任限额范围内予以赔偿；不足的部分，按照下列规定承担赔偿责任。

❶ 机动车之间发生交通事故的，由有过错的一方承担赔偿责任；双方都有过错的，按照各自过错的比例分担责任。

❷ 机动车与非机动车驾驶人、行人之间发生交通事故，非机动车驾驶人、行人没有过错的，由机动车一方承担赔偿责任；有证据证明非机动车驾驶人、行人有过错的，根据过错程度适当减轻机动车一方的赔偿责任；机动车一方没有过错的，承担不超过10%的赔偿责任。交通事故的损失是由非机动车驾驶人、行人故意碰撞机动车造成的，机动车一方不承担赔偿责任。

（5）事故警示

电动车小巧、轻便，已成为出行的重要交通工具，但仍有些骑行人缺乏基本的交通法律常识和安全意识，总是根据自己的“喜好”骑行，导致交通事故频发。当出现双方事故时，特别是有人受伤时（图8-2-10），一定要报警，一旦被认定为肇事逃逸，将会承担事故的全部责任！在此提示各位读者。

图 8-2-10　抢救伤员

❶ 车辆驾驶各行其道，骑行电动车一定要遵守有关交通安全的规定，按道行驶。非机动车应当在非机动车道内行驶；在没有非机动车道的道路上，应当靠车行道的右侧行驶。切勿逆向行驶！

❷ 佩戴安全头盔骑车出行。头部是人体最脆弱也是最容易受到致命伤害的部位，事故发生时，头部容易出现颅骨骨折、颅内出血等伤情，会危及生命，而戴头盔是最简单而又最有效的保命措施。

❸ 遵守交通信号灯指示通行，宁等三分，不抢一秒。在有交通信号灯的路口一定要按照信号灯指示通行，切勿闯红灯；逆向通过路口时应下车推行、走斑马线；在没有信号灯的路口，要注意观察，确保安全后再通行。

8.2.4 违法超车

（1）场景案例

2022年5月26日6时58分许，陈某川驾驶的车牌号为闽C1××××的小型轿车在驿峰路鱼夫人路段处，与郭某泉驾驶的电动两轮自行车（后载郭某菱）发生碰撞，造成郭某泉、郭某菱受伤及两车不同程度损坏的交通事故。

民警通过调取视频监控及牌号为闽C1××××的小轿车的行车记录仪发现，陈某川在实行超车行为时，未按规定超车，致使牌号为闽C1××××的小型轿车右侧车身与电动两轮自行车左侧车身于路右慢车道上发生事故。

（2）紧急事故应对

打开双闪灯，放置警示牌。警示牌要放在来车方向，摆放距离要把握好：闹市距车20米，普通公路距车50米以上，高速公路距车最好为150米以上。

❶ 交通事故造成人身伤亡的，应当迅速报告执勤的交通警察或者公安机关交通管理部门，然后由交通部门处理的，当事人只要配合交通部门的处理即可。

❷ 交通事故未造成人身伤亡，并且对事实及成因无争议的，双方当事人就可以协商处理。因对方超车才发生交通事故的，理应由对方承担

责任，对方愿意承担责任的，就可以协商处理，不用报警。对方不愿意承担责任的，就只能报警，由交通管理部门进行调查，然后出具交通事故责任认定书，双方可以按照责任认定书来确定赔偿责任。

❸ 对方超车出交通事故的，需要根据事故的具体情况来处理。不同的事故情况，有不同的处理方式，若交通事故不严重，就可以协商处理，直接让对方按照实际发生的损失进行赔偿；若交通事故比较严重，应当报警，然后由交通警察处理。

（3）责任划分

交通事故责任划分的具体情形是怎样的？

❶ 超越前方正在超车的车辆负全责。

这种情况在主路出入口处极为常见。由于在主路入口处会有辅路车辆缓慢进入，而快速并线的辅路车势必会影响后方主路车的通行，而刚刚并入主路的车辆往往想要二次并线，有些心急的司机甚至会连并两条线，如果此时后方主路车辆选择并线超车，则很容易在本是拥挤的车道内发生事故。

在面对主路出口时，司机们同样需要注意，尤其是在拥堵的出口，后方车辆看到前车超车切记不可强行超越，保持原车速等待前车完全完成超越再并线超车是避免发生此类事故的办法。新交规中规定严禁在高速公路匝道中超车，违反者扣除3分。

❷ 在岔路口、窄桥处禁止超车。

如果车辆驾驶人行至路口处发现前方车辆慢行会很自然地变换车道，而此时如果加大油门强行超越前车，一旦发生事故，责任需由超车一方负责，而如果前方道路变窄，车辆不得不并线，则应礼让直行车先行，如果此时强行超车，危险不言而喻。

与岔路口相似，在窄桥上行车同样是禁止超车的。在狭窄的桥梁入口处不仅会悬挂出道桥的限速标示，还会竖立禁止超车标志，而在道路变宽后则会以解除标志来提示驾驶人可以超车。

❸ 在弯道、陡坡、隧道内禁止超车。

弯道禁止超车，在弯道处即使标线为黄虚线，满足借道超车的要求，但法规中也是禁止在弯道中超车。不仅在弯道中，陡坡和隧道等危险地带内也同样禁止超车。

❹ 借道超车负全责。

当车辆行驶在标有黄色虚线的车道上时满足借道超车的要求，一般此种车道多为单车道，超车需要借用反方向行驶的车道。超车前，驾驶人需提前观察对向车道情况和后方车辆位置，确认安全后需果断超越前车。如长时间占用对向车道则会因为逆行触犯交规，新交规中规定逆向行驶扣除3分。

❺ 单行道从右侧超车负全责。

在单行道内超车，应遵行从左侧超车的习惯，而如果此时对向车辆来车，无法超车，有些心急的驾驶人便会选择从右侧超车，而单行线右侧为白实线，并且在车道右侧通常为非机动车道，此时无论与正常行驶的车辆还是非机动车或行人发生事故都应由超车车辆负全责。

（4）法律依据

《道路交通事故处理程序规定》相关规定：公安机关交通管理部门应当根据当事人的行为对发生道路交通事故所起的作用以及过错的严重程度，确定当事人的责任。在道路上发生交通事故，车辆驾驶人应当立即停车，保护现场；造成人身伤亡的，车辆驾驶人应当立即抢救受伤人员，并迅速报告执勤的交通警察或者公安机关交通管理部门。因抢救受伤人员变动现场的，应当标明位置。乘车人、过往车辆驾驶人、过往行人应当予以协助。在道路上发生交通事故，未造成人身伤亡，当事人对事实及成因无争议的，可以即行撤离现场，恢复交通，自行协商处理损害赔偿事宜；不即行撤离现场的，应当迅速报告执勤的交通警察或者公安机关交通管理部门。在道路上发生交通事故，仅造成轻微财产损失，并且基本事实清楚的，当事人应当先撤离现场，再进行协商处理。

（5）事故警示——如何正确超车？

❶ 正确驾驶超车的方法。

a.超车前。驾驶人应充分了解车辆的加速性能，在喇叭、转向灯、大灯工作正常的情况下，应选择视线良好、左右通畅、前方道路150米范围内无车辆通行的直行、宽阔道路，在保证安全的前提下可以超车，不应不顾主客观条件盲目超车。需要遵守《中华人民共和国道路交通安全法》的规定：在通过路口、陡坡、急弯等危险路段，遇到雨雾等恶劣天气，前车示意左转、掉头或超车时，以及没有超车标志的地方，严禁超车。

b.超车。应该提高车速，靠近超车车辆的左侧，缩短与超车车辆的距离（与超车车辆的距离不超过20m），打开左转向灯并鸣喇叭（夜间通过远近光变化指示）告知前车，确认前车正在超车或发出超车信号后，稍微向左转，与超车车辆保持一定的横向距离，从左侧加速超车；超车前，确保前方路况良好，没有迎面驶来的车辆。通过后，应继续沿超车道行驶20 ~ 30米后，打开右转向灯，驶回原车道，关闭转向灯。超车时，应尽可能加大两车速度差，减少超车距离和时间，保证快速完成超车。

❷ 在高速公路上超车的方法。

a.超车时。如果观察不仔细，判断不准确，在超车过程中发现左侧有障碍物、横向间距过小或与对向车距离过近等意外情况时，应冷静下来，尽快减速，停止超车。不要采取紧急制动以防止汽车打滑和跑偏，从而引起碰撞。不应有侥幸心理，也不应强行通过。

b.超越车队时。由于车队前后距离较远，需要在超车视距良好的情况下加速连续超车。如果对面来的车辆不能保证安全的横向间距，则打开右转向灯，在合适的时机插入车队，然后在对面车过后超车。加速时不要靠近车队，躲闪或急驰时不要插入车队，不要紧急制动，以防发生事故。

c.对于拒绝被超越的汽车，驾驶人要有耐心，使用灯光提醒前方车，跟车的距离可以适当缩短一些，一有机会就快速通过。超车后，不要猛打方向盘或刹车等，防止因被超越而发生碰撞或操作不当、侧翻等事故。

❸ 不适合超车的日常情况。

a.交叉路口。前方有路口时，被超越的车辆可能会左转，同时前方可能会有汽车通过路口，不适合超车。

b.弯道和斜坡。在这种地理环境下超车时，视线容易被遮挡，不利于加速行驶，所以不建议超车。

c.隧道之类的道路。如泥泞、交通情况复杂、隧道等路段，禁止超车，交通秩序混乱的地方（如中小学放学后的校门等）不允许超车。

d. 当迎面而来的汽车有可能相遇时。超车过程中，如果左侧有障碍物，或者与对向车距离很近，需要冷静减速，停止超车，不要强行通过或用力刹车。

e. 当车辆出现问题时。当车辆的转向和刹车有问题时，不能超车。

f. 天气不好的时候。遇到大风、暴雨、大雾等恶劣天气不要超车。

8.2.5 乘员开门与自行车发生事故

（1）场景案例

王某驾车送李某某回家，在行至李某某居住的小区附近时，将车辆停放于小区西侧路北的人行道上。李某某打开右后侧车门准备下车时，与骑电动车经过的许某某发生碰撞，致许某某倒地受伤（图 8-2-11）。

图 8-2-11 车辆开门与电动车发生碰撞

（2）紧急事故应对

❶ 打开双闪灯，放置警示牌。警示牌要放在来车方向，摆放距离要把握好：闹市距车 20 米；普通公路距车 50 米以上。

❷ 应立即拨打报警电话和 120 急救电话，安排就医。

❸ 保护好事故现场，拍现场照。

（3）责任划分

王某违反禁止在人行道上停放机动车的规定，负事故的次要责任。

李某某打开车门妨碍车辆通行的过错行为，相比王某将车停放在人行道上的过错行为，对事故发生起的作用更大、过错更为严重，负事故的主要责任。

（4）法律依据

《中华人民共和国道路交通安全法实施条例》相关规定：机动车在道路上临时停车，应当遵守下列要求。

❶ 在设有禁停标志、标线的路段，在机动车道与非机动车道、人行道之间设有隔离设施的路段，以及人行横道、施工地段等不得停车；

❷ 交叉路口、铁路道口、急弯路、宽度不足4米的窄路、桥梁、陡坡、隧道以及距离上述地点50米以内的路段，不得停车；

❸ 公共汽车站、急救站、加油站、消防栓或者消防队（站）门前以及距离上述地点30米以内的路段，不得停车；

❹ 车辆停稳前不得开车门和上下人员，开关车门不得妨碍其他车辆和行人通行；

❺ 路边停车应当紧靠道路右侧，机动车驾驶人不得离车，上下人员或者装卸物品后，立即驶离。

（5）事故警示

一个不正确的开车门动作可能会给其他驾驶人、行人造成人身及财产损害，甚至造成严重交通事故，为了避免此类交通事故，驾驶人、乘车人、骑行人及行人均应该共同加强交通安全意识。

对于驾驶人而言，不仅要做到规范停车，不能随意停车影响他人通行，更要提前提醒乘车人，确认周围环境安全之后再下车。

作为乘车人，应该看清车辆四周情况后，选择从右侧车门下车。

骑行人和行人，在经过路边停放的车辆时，尤其是刚驶停的车辆时，务必要减速慢行，注意保持与车辆的安全距离，以防车门突然开启。

8.2.6　高速路发生连环撞车

（1）场景案例

如果在高速公路上发生车祸，一般都是比较严重的交通事故，因为高速公路上车辆行驶速度较快。所以为了避免和减少交通事故的发生，对驾驶人驾龄也有严格的要求。而2022年8月，在某高速公路上就发生一起多车连环相撞的事故。一般的汽车追尾事故，主要是由于雨天及雾霾天气驾驶人观察不当，且没有保持合理车距造成（图8-2-12）。

图8-2-12 连环撞车事故

（2）紧急事故应对

车靠边、人撤离、即报警。

（3）责任划分

连环追尾事故（5辆以上的事故），可以分割成单一事故，即按双车追尾事故进行判定；如果多方陈述有出入，则通常按照“后车赔偿前车车尾、同时赔偿自己车头”的原则进行赔偿认定。如果出现复杂情况，则按照实际情况认定追尾责任。

（4）法律依据

《中华人民共和国道路交通安全法》第七十条规定，在道路上发生交通事故，车辆驾驶人应当立即停车，保护现场；造成人身伤亡的，车辆驾驶人应当立即抢救受伤人员，并迅速报告执勤的交通警察或者公安机关交通管理部门。因抢救受伤人员变动现场的，应当标明位置。乘车人、过往车辆驾驶人、过往行人应当予以协助。

（5）事故警示

在交通事故发生之后，需要立刻采取措施减少人员伤亡和经济财产的损失。财产损失是小事，人的生命安全才是真正无价的。经济快速发展，机动车数量迅猛增加，交通条件与交通流量之间的矛盾日益突出。接下来介绍关于高速公路事故处理流程的法律知识。

❶ 人员转移。

a.不要急于下车查看车辆损失情况。很多人在发生事故后第一反应是去查看车辆损失情况，其实这是非常危险的行为。车辆刚发生事故时，还没来得及预警，后方正常行驶的车辆很容易躲闪不及，造成二次事故。前不久就有一起看似很小的追尾事故，当事人立即下车查看车辆损失情况，结果一辆大货车躲闪不及，将下车的人撞伤，本来是小事故，结果变成了伤人事故。发生事故后一定要先确保人身安全，有些司机会非常的激动，导致不理智的情况出现。

b.不要坐在车内等待救援，谨防车辆爆炸。在没有人员受伤的情况下，应立即转移到路肩的安全地带。有的人觉得没有必要，但在实际中有很多惨痛的案例。一辆小型客车发生事故后油箱泄漏，车上人员坐在车内等待救援，结果泄漏的油箱发生爆炸，车上人员全部遇难。车辆爆炸是瞬间的，根本来不及转移，所以发生事故后在确保安全的情况下先转移到路肩才是最安全的。

❷ 车辆后方预警。

a.开启双闪灯。在高速公路内发生事故后，尤其是在超车道内发生的事故，极易发生二次事故。应先打开双闪灯，这样能明确提醒后面的车辆。

b.摆放故障警示牌。在确保安全的情况下，要在车后方150米的地方放置故障警示牌，一定要足够150米，这个距离才能让后方车辆有足够的缓冲距离避开，尤其是夜间，这是非常重要的！

❸ 报警。

a.事故的具体位置，一定要说清楚。高速公路的护栏边上每100米都有绿色的千米桩号，可以在事故现场沿应急车道走走就能看到，说清楚千米数可以使交警在最短的时间内赶到事故现场。许多驾驶人只说附近的标志物，比如在某个桥梁或涵洞附近，这是无法迅速锁定事故地点的。

b.说清楚人员伤亡情况（是否需要救护车）、事故车能否开动等，交警会根据事故情况安排清障车或其他重型作业车辆。这里有部分人会先与保险公司联系，高速公路上是不允许保险公司现场勘验的，法律规定保险公司必须要认可交警开的责任认定书，所以在现场不用立即报保险，先打122，事故发生48小时内找保险公司都是可以理赔的。

❹ 不要停车或减速围观。发生事故后有的过往车辆驾驶人喜欢减速围观事故情况，这是非常不可取的。因为减速或是停车在高速公路上本身就是非常危险的，容易造成追尾。另外围观车辆会造成道路拥堵，本身发生事故就占了一条车道无法通行，正常行驶的车道一定不能再占用，否则救援车辆和警车都会被堵在路上，不能及时赶到现场救援。很多时候发生事故后，都是由于堵车，警车迟迟赶不到事故现场，并不是交警出警慢的原因。

❺ 带好处理事故需要的资料。处理事故时需要提供驾驶证、行驶证、保险单等资料，如果没有带保险单，车前风挡上的年检标也有保险单号，有行车记录仪的也可以拿下来给交警作为证据。有人员伤亡的应先去医院治疗，然后到交警大队处理事故。

第9章
保险法律法规

9.1 机动车保险双方具有哪些权利和义务

9.1.1 保险合同中应该针对投保人规定的权利和义务

❶ 除非法律或合同中事先另有规定，保险人在保险期间不得擅自提出解除合同，但投保人或被保险人违反下述法定或约定义务时，保险人可以解除合同：

a. 投保人违反告知义务；

b. 被保险人或投保人违反了保证条件；

c. 投保人或被保险人违反保险合同中规定的义务，且合同中明确规定其违反这些义务，保险人有权解除合同（图9-1-1）。

图9-1-1 解除合同

❷ 保险人根据法定或约定事由解除合同时，一般可不退还其已收取的保险费，并有权根据在其保险期间所承担的保险责任，向投保人追偿保险费。

❸ 在某些情况下，保险人根据合同中双方当事人约定的事由发生（投保人没有违反规定义务）可解除保险合同，这时保险人应当按日计算未到期的保险费退还投保人。

保险合同成立后，一旦发生保险事故，保险人则应根据保险合同规定，向被保险人支付保险金，保险金的支付主要包括：

a. 损失赔偿金，这是根据保险财产的实际损失而定的，但最高以保险金额为限；

b. 施救费用，这是指在发生保险责任范围内的灾害或事故时，被保险人为了抢救或保护保险财产而支出的合理费用（图 9-1-2）；

图 9-1-2 现场施救

c. 诉讼费用，是指向第三者追偿保险人同意支付的费用；

d. 其他有关费用，如为了认定损失是否属于保险责任范围，所支付的受损财产的检验、估价的合理费用等（图 9-1-3）。

图 9-1-3 费用支出合理

上述各项费用的给付由保险人承担，在计算时，第一项与其他各项一般应分别计算，但以不超过其保险金额为限。各项损失费用的赔偿，保险人一般采用现金方式支付，但合同中另有约定的，应按约定办理。

保险人与投保方达成有关赔偿金额协议之后，一般应于10日内偿付。

9.1.2 保险合同中应该针对被保险人规定的权利和义务

❶ 被保险人在财产保险合同规定的保险范围内，遭遇灾害时，有权要求保险方支付规定的保险费用。

❷ 交纳保险费。被保险人（投保人）有义务按合同规定按期、如数交纳保险费用。

❸ 尽力保护保险标的。被保险人在保险的财产受到侵害时，有义务采取一切有效措施保护其保险标的安全与完整，并接受保险人对保护措施的检查、监督及合理的建议。

❹ 当保险事故发生后，被保险人有义务及时采取行之有效的措施、办法来抢救保险标的，尽可能避免损失的扩大。

❺ 被保险人有义务如实申报保险标的危险状况，当保险标的所受危害程度增加时，应及时通知保险人，以便及时修订收费标准。

保险合同中应该针对保险人和被保险人的权利及义务作出明确的规定，这有利于保险人和被保险人规范自己的行为，确保保险合同的顺利履行以及稳定我国保险业务市场。

9.2 为什么新能源汽车保费比传统燃油汽车贵，贵在哪里

（1）车价影响保费价格

影响车险价格的主要是出险率和零整比。与燃油车相比，目前新能源车在这两个方面都处于下风。新能源汽车无论是从零起步还是行进间加速，它的加速度一般都比同级别的燃油车要快，对电机有更大损耗，也要求驾驶人有更强的安全意识。保险公司更担心的是车辆自燃或涉水，造成电池、电机等核心部件受损。这些部件维修价格不菲，遇到较大问题时基本直接更换。此外，新能源汽车车载设备电子化集成度高，单次的事故零配件及工时费价格一般比传统燃油汽车高。中保信公司发布的分析报告显示，家用新能源汽车较非新能源汽车出险率高11.7%，赔付

率高5.4%。

（2）补贴前价格投保的价格差

二十几万元的新能源汽车，国家补贴一部分，自己花费十几万元。但是真正投保车险时，保险公司却不会按照国家补贴后的价格计算保费。目前大多数的新能源车全都是按补贴前的价格投保。

比亚迪e5官方报价19.59万元。国家补贴新能源车，自己花费12.99万元；速腾1.6L手动时尚版售价13.18万元。对比两款车，燃油汽车购买成本更高。但按照汽车实际价格进行车险报价，比亚迪车损险保费2950元，速腾车损险保费1893元。新能源汽车的车险保费远远高出燃油汽车（表9-2-1）。

表9-2-1　新能源车型与传统车型保费对比

项目	比亚迪 e5	速腾 1.6L
售价 / 补贴后售价	19.59 万元 /12.99 万元	13.18 万元
三者 50 万元 / 元	1252	1252
车损险 / 元	2950	1893
车上人员责任险（司机）/ 元	50	50
车上人员责任险（乘客）/ 元	200	200
各项不计免赔 / 元	768	629
合计 / 元	5220	4024

（3）投保基数和理赔价格不一

新能源汽车入保都是按补贴前的价格计算的，小事故赔付是与燃油汽车一样的标准，但大事故赔付却按照车辆发票金额进行计算。汽车被盗或者车辆因事故报废时，全是按照购车发票上的金额赔付。

（4）燃油汽车保费和新能源汽车保费的续保区别

新能源汽车的折旧率不好界定，续保成本更高。传统燃油汽车在次年续保时，商业车险中最重要的车损险会根据车辆的价值有10%折损，如果车主第一年没有出险记录且记录良好，总的全险保费还会打七折左右。新能源汽车第二年不仅车损险会按照补贴前的价格进行计算，即便是记录良好，次年续保保费依然要比传统燃油汽车高（以当地实际情况为准）（图9-2-1）。

图 9-2-1 续保费用高且理赔降级

（5）新能源汽车专属保险推出后，承保责任有所扩大

“‘三电’‘起火’全赔付，承保责任有所扩大”。在保险责任上，保险新条款全面涵盖新能源汽车的使用场景，除行驶外，还包括停放、充电及作业的状态。同时，新条款明确了新能源汽车损失保险责任范围包括因意外事故（含起火燃烧，图9-2-2）造成电池及储能系统、电机及驱动系统、其他控制系统的直接损失。附加险里还增加了新能源汽车特有的“配套设施”保障，包括外部电网、自用充电桩等专属附加保险。

图 9-2-2 新能源汽车自燃

（6）新能源汽车零部件的零整比不断攀升

不断攀升的汽车零部件价格、人工成本、人伤医疗成本，激烈竞争

下不断上涨的渠道费用等造成了各家保险公司车险业务的成本大幅增加，并将面临亏损困境。用价格相近的本田雅阁和雷克萨斯ES350做比较，雅阁的整车零整比为342.66%，而ES350则为408.87%。在维修时，后者的价格要高出前者很多。由此可见，之前的车险费用标准与保费风险完全不成比例，对保险公司和消费者都不公平。

9.3 未经允许擅驾车，造成损失难理赔

方某与李先生是关系很要好的同事。一天，方某因有急事，未与李先生打招呼就把李先生的轿车开走了。路上，方某因操作不当，车辆撞坏了河栏杆并翻入路边河中，造成车辆严重损坏。事故发生后，李先生向保险公司报了案，并要求保险公司定损，保险公司定损为二十多万元，然后李先生请求给付保险金。保险公司经查勘和对有关当事人询问后，向李先生送达了拒赔通知书，拒赔理由是：依据保险条款责任免除第九条“下列情况下，不论任何原因造成的损失或经济赔偿责任，保险人均不负责赔偿：（9）非被保险人或其允许的驾驶员使用保险车辆。”的规定，此事故保险公司不承担赔偿责任。

为此，李先生将保险公司诉至法院，并称，签订合同时，保险公司并未依法向其告知保险公司所称的免责条款。保险公司的答辩意见是：根据保险法和保险合同的约定，保险公司对李先生做出的拒赔，是符合法律规定的。

案件审理中，李先生承认从未同意过方某驾车出行。保险公司也向法庭提供了内容相同的询问笔录。法院经审理认为，保险合同的被保险人，可以授权他人使用其车辆，获其授权的驾驶员驾驶车辆，属于被保险人允许的驾驶人。除此以外，未经被保险人本人同意，因其他原因使用保险车辆的驾驶员，均不属于被保险人允许的驾驶人。保险公司以方某未经李先生允许驾驶保险车辆出险为由主张免责，符合双方合同约定，法院予以确认。因此，终审判决驳回了李先生的诉讼请求（图9-3-1）。

图 9-3-1　车险拒赔

为何李先生的诉讼请求未获支持？此案的争议焦点在于如何理解保险合同中的免责条款是否向李先生明确说明以及免责条款中关于“被保险人允许的驾驶人”的含义。

首先，《中华人民共和国保险法》第十八条规定，保险合同中规定有关于保险人责任免除条款的，保险人在订立保险合同时应当向投保人明确说明，未明确说明，该条款不产生效力。现实生活中，保险公司使用的保险单均有“明示告知”一栏。在原被告签订的保险单明示告知一栏中第三条就明确规定：请详细阅读所附保险条款，特别是有关责任免除和投保人、被保险人义务的部分。在保险条款第五条规定的情况下，不论任何原因造成保险车辆的损失或第三者的经济赔偿责任，保险人均不负责任赔偿，其中规定：非被保险人或非被保险人允许的驾驶员使用保险车辆。综合以上规定可以认定，保险公司在与李先生签订保险合同时已在保险单中及保险条款中对保险人的免责条款进行了明示，尽到了说明的义务。也就是说，李先生在签订保险合同的同时应当知晓保险人免除保险责任的具体内容。

其次，关于“被保险人允许的驾驶人”的含义应该理解为，保险合同的被保险人，可以授权他人使用其车辆，获其授权的驾驶人驾驶车辆，属于被保险人允许的驾驶人。除此以外，未经被保险人本人同意，因其他原因使用保险车辆的驾驶人，均不属于被保险人允许的驾驶人。本案中，李先生在方某使用车辆之前并不知情，故方某并非被保险人李先生允许的驾驶人。

9.4 驾驶证过期，出事故后保险公司能否理赔

机动车驾驶证是有期限的，有效期满后逾期1年以上未换证的，交管部门将依法注销该驾驶证（图9-4-1）。机动车驾驶证的有效期一般为6年、10年和长期。驾驶证超有效期，并不必然导致驾驶证持证人丧失驾驶资格的法律后果，因此保险公司应作出理赔。

图9-4-1 检查驾驶证

陈某是牌号为粤S×××××车的车主，彭某是他聘请的司机，陈某购车后将车挂靠在一家汽运公司名下运营。2018年12月10日，汽运公司在湖北某保险公司为该车投了机动车交通事故责任强制保险，保险期间从2018年12月11日～2019年12月10日。2019年4月28日晚上9点，彭某在驾驶证过了有效期、还未换新证的情况下，驾驶该车发生交通事故致文某死亡。经交警认定，彭某负事故全部责任。2019年6月，死者文某的父母诉至硚口区人民法院索赔，该院判决湖北某保险公司在交强险范围内赔偿11.3万元。

该保险公司认为，交通事故发生时彭某所持驾驶证超过有效期，视为未取得驾驶资格，没有驾驶资格不属于保险责任，故诉至法院，请求车主陈某、司机彭某以及汽运公司共同返还先行赔付的交强险11.3万元。

根据《中华人民共和国机动车驾驶证申领和使用规定》等相关规定，驾驶员通过公安机关组织的驾驶资格考试，即取得驾驶资格，只要未被吊销，均具有合法驾驶资格，换证属于行政管理范畴，过期未换由交管部

门依法处理，驾驶证的有效期并不是指机动车驾驶人驾驶资格的有效期。

尽管彭某在发生交通事故时驾驶证过期，但交通事故发生后，彭某换领了新证，因此仅视为驾驶证超期检审，并非“未取得驾驶资格”。根据《机动车道路交通事故责任强制保险条例》及相关司法解释的规定，彭某不属于未取得驾驶资格，故驳回湖北某保险公司要求追偿的主张。

9.5 事故私了要谨慎，证据保存是关键

9.5.1 遇到交通事故，您会选择“私了”吗

在日常生活中，尽管开车的时候小心翼翼，但还是难免有时候会出现磕磕碰碰。发生交通事故后，有的车主选择“私了”，认为这样省时省事，也有的车主坚持“公了”，认为这样虽然会花费一些时间，但是较为稳妥，不会出现“扯皮”的情况（图9-5-1）。

图 9-5-1 事故私了要谨慎

日前，有媒体报道，一辆无牌载客摩托车不慎撞上了一名路过的老人（图9-5-2）。摩托车司机将老人扶起后，老人感觉“没事”让司机离开。谁料，老人从现场离开回家走了短短四五百米的距离后，就在家门口“突然蹲了下来，脸色很不好”。家人将老人送医院救治，然而，老人还是在次日凌晨抢救无效身亡。

老人的家属最终还是选择了报警，交警接警后经过调查走访，找到肇事摩托车司机时，司机称“没想到”。随后，交警认为肇事车辆属于无牌车，且肇事司机“没有尽到保护好现场的责任，应承担事故的主要责任”，被交警以交通肇事罪刑拘。

图 9-5-2 驾驶无牌摩托车撞人

这一事件也引发了众多网友和司机的激烈讨论。有网友认为在这次事件中，摩托车司机没有主观逃逸，而是在老人自称没事后才离开，应该属于已经和老人达成了协议，被刑拘处罚有些重。也有网友认为，发生交通事故就一定要通过正常途径解决。记者随机采访了20位车主，其中大部分车主均选择“私了”。“一般说来，只要事故不大，我都会选择‘私了’，不耽误时间。”大多数车主之所以选择“私了”，是因为走正常程序会花费更多的时间，而“私了”则只需要双方达成一致就可以很快离开现场。

当记者问到如果“私了”后出现问题怎么办时，不少车主表示没有考虑过，称选择“私了”前都会估计双方受损情况，“有一定的把握不会出事，就会选择‘私了’。”只有极少数车主表示，发生交通事故后，不管事故大小都会选择报警。车主陈先生介绍他之前遇到过“私了”后“扯皮”的事情。当时陈先生撞上路人后，就立即将他送到了医院检查，医生检查后认为没有大碍，陈先生以为没事了。但是，对方家属却不干了，一定要住院，说：“家里没人照顾。”最后陈先生在支付了一笔“医药费”和“护理费”后才得以脱身。因此，陈先生认为发生交通事故后，宁愿多花些时间，也一定要走正常程序，要不然自己很容易有理也说不清。

9.5.2 “私了”需谨慎，要注意保留证据

发生交通事故后，到底应该怎么办呢？某律师事务所陈律师认为，如果发生的交通事故较为严重，驾驶员应当第一时间报警，并保护好现场（图9-5-3），可能造成人员伤亡的，还要第一时间拨打急救电话救治伤者，尽量避免伤亡后果的发生。“如果事故不大，可以选择‘私了’”。陈律师介绍《中华人民共和国道路交通安全法》相关规定，“在道路上发生交通事故，车辆驾驶人应立即停车，保护现场”，同时还规定“未造成人身伤亡，当事人对事实及成因无争议的，可以即行撤离现场，恢复交通，自行协商处理损害赔偿事宜”。因此，发生轻微交通事故时，当事人可以选择“私了”，双方达成的协议是有效的。

图 9-5-3　放置警示牌

但是，由于当事双方都不是专业人士，“私了”可能出现一些风险，主要包括：举证困难、伤者病情的恶化未知、车体损伤的不确定性等。如果出现不可控情况很容易再次引发纠纷。为了避免“私了”后出现风险，陈律师建议在“私了”的时候保留证据，比如记录下交通事故发生的时间地点、事故经过、对方联系方式等，并且双方共同签名确认。同时还可以用手机拍下现场照片、录下双方对话等（图9-5-4）。

图 9-5-4　双方录音凭证

遇到交通事故，是“私了”还是走正常途径，需要谨慎考虑，如果选择“私了”一定要注意保留证据，以便出现后续纠纷时便于划清双方责任。

9.6　购买盗抢险后加装的设备可否获赔

买了盗抢险，被保车辆的轮胎、大灯等配件丢失后，都可以得到保险公司理赔吗？答案是不可以，车辆部分零件和新增设备单独被盗，保险公司通常不会予以赔偿。车辆盗抢险全称机动车辆全车盗抢保险，是指投保车辆在非人为的、非故意的、非违章的情况下，发生盗抢，经报案、立案调查后，60天内仍然没有破案的，由保险公司赔付保险责任范围内的损失。若经侦查后车辆归还车主，保险公司需赔付车辆在盗抢期间受到的损失。也就是说，盗抢险承保范围为车辆本身，而不包括车上零部件或附属设备（图9-6-1）。

图9-6-1　车辆上的贵重物品被盗

既然盗抢险的保障范围有限，那么就没必要投保该险种了吗？这个要根据自己的车辆情况来做决定，如果是新车，且是分期付款购买的，建议投保全车盗抢险。另外，还要看车辆平日停放的地方，如果停车环境不够安全，投保盗抢险是能够帮助车主降低风险损失的。

投保盗抢险后，在保险期间内，可以承保：被保险机动车被盗窃、抢劫、抢夺，经出险当地县级以上公安刑侦部门立案证明，满60天未查明下落的全车损失；被保险机动车全车被盗窃、抢劫、抢夺后，受到损坏或车上零部件、附属设备丢失需要修复的合理费用；被保险机动车在被抢劫、抢夺过程中，受到损坏需要修复的合理费用。

与此同时，广大车主还可以考虑购买不计免赔险。不计免赔险是一种商业车险（车损险或第三者责任险）的附加险，需要以投保任一主险及其他设置了免赔率的附加险为投保前提条件，不可以单独进行投保。通常在发生保险事故时，无论是谁的责任，都有一个免赔额，但免赔的比例会因责任不同而不同，就是车主都要自负一部分。如果投保不计免赔险，车主就不需要自己负责这一部分费用了，保险公司在保险金额内按损失程度全额赔付。也就是说，不计免赔险让本应由投保人自己承担的部分责任转嫁给了保险公司（图9-6-2）。

图 9-6-2 购买不计免赔险

需要提醒的是，一旦车辆发生了盗抢事故，请被保险人在24小时内报案并通知保险公司。同时被保险人在申请理赔时，要提供保险单、损失清单、有关费用单据、机动车登记证书、机动车来历凭证以及出险当地县级以上公安刑侦部门出具的盗抢立案证明。

9.7 《机动车交通事故责任强制保险条例》重点法条解读

《机动车交通事故责任强制保险条例》（以下简称《条例》）所称机动车交通事故责任强制保险，是指由保险公司对被保险机动车发生道路交通事故造成本车人员、被保险人以外的受害人的人身伤亡、财产损失，在责任限额内予以赔偿的强制性责任保险（表9-7-1和表9-7-2）。

表 9-7-1　交强险改动（相比草案的五大变化）

变动	内容
增加	❶ 在被保险人没有发生道路交通安全违法行为和道路交通事故的，保险公司应当在下一年度降低其保险费率一款中增加了“直至最低标准” ❷ 在投保需要告知的事项中增加了“牌照号码和续保前该机动车发生事故”的情况
改动	❶ 将机动车第三者责任强制保险改为“机动车交通事故责任强制保险” ❷ 将投保人可支付全部或部分投保费用改为“投保人应当一次支付全部保险费”
删除	在保险公司不得解除强制保险合同的情形中删除了“投保人未按照约定交付保险费的”

注：从2004年12月2日，国务院法制办征求市民代表对《条例》草案的意见。到2006年3月1日，国务院常务会议审议通过了《条例》，强制险的出台经历了一年多的时间。

表 9-7-2 《机动车交通事故责任强制保险条例》五大特点

特点一	强制性	机动车交通事故责任强制保险，是指由保险公司对被保险机动车发生道路交通事故造成本车人员、被保险人以外的受害人的人身伤亡、财产损失，在责任限额内予以赔偿的强制性责任保险，即强制第三者责任险，它是我国第一个通过立法予以强制实施的险种。它的“强制性”体现在不仅要求所有上路行驶的机动车车主或管理人必须投保，而且具有经营强制第三者责任险资格的保险公司一律不得拒保，不得随意解除强制第三者责任险合同（投保人未履行如实告知义务的除外）

续表

特点二	以人为本	强制第三者责任险将保障受害人得到及时有效的赔偿作为首要目标。《条例》规定，被保险机动车发生道路交通事故造成本车人员和被保险人以外的受害人人身伤亡、财产损失的，由保险公司依法在机动车交通事故责任强制保险责任限额范围内予以赔偿。《条例》还规定，三种情况下保险公司将进行提前垫付，随后向致害人追偿：驾驶人未取得驾驶资格或者醉酒的；被保险机动车被盗抢期间肇事的；被保险人故意制造道路交通事故的
特点三	奖优罚劣	通过经济手段提高驾驶员守法合规意识，促进道路交通安全。《条例》规定，安全驾驶者可以享有优惠的费率，经常肇事者将负担高额保费。强制第三者责任险在实行统一费率的同时，采取费率与车主的驾驶记录直接挂钩的方式体现“奖优罚劣”。《条例》规定，被保险机动车没有发生道路交通安全违法行为和道路交通事故的，保险公司应当在下一年度降低其保险费率。以后年份以此类推，直至降至最低标准；相反，被保险机动车发生道路交通安全违法行为或者道路交通事故的，保险公司在下一年度提高其保险费率。在道路交通事故中被保险人没有过错的，不提高其保险费率。降低或者提高保险费率的标准，由银保监会会同国务院公安部门制定
特点四	社会效益优先	银保监会按照总体上不营利、不亏损的原则审批保险费率，保险公司经营机动车交通事故责任强制保险不以营利为目的，且机动车交通事故责任强制保险业务必须与其他业务分开管理、实行单独核算。银保监会将定期予以核查，以维护广大消费者的利益。银保监会根据保险公司机动车交通事故责任强制保险业务的总体营利或者亏损情况，可以要求或者允许保险公司相应调整保险费率，但调整保险费率幅度较大的，也应当进行听证
特点五	商业化运作	机动车交通事故责任强制保险条款费率由保险公司制定，银保监会按照机动车交通事故责任强制保险业务总体上不营利、不亏损原则进行审批，保险公司自主经营、自负盈亏

9.8 《中华人民共和国保险法》重点法条解读

国家为了规范保险活动，保护保险消费者的合法权益，制定了一部专用的法律，那就是《中华人民共和国保险法》（图9-8-1）。

接下来，针对《中华人民共和国保险法》当中的重要条款进行解读。

解读一：第一条　为了规范保险活动，保护保险活动当事人的合法权益，加强对保险业的监督管理，维护社会经济秩序和社会公共利益，促进保险事业的健康发展，制定本法。作为《中华人民共和国保险法》的首条，本条明确说明了国家制定本法的目的有五个（表9-8-1）。

图 9-8-1 《中华人民共和国保险法》

表 9-8-1　国家制定《中华人民共和国保险法》的目的

目的一	规范保险活动
目的二	保护保险活动当事人的合法权益
目的三	加强对保险业的监督管理
目的四	维护社会经济秩序和社会公共利益
目的五	促进保险事业的健康发展

解读二：第二条　本法所称保险，是指投保人根据合同约定，向保险人支付保险费，保险人对于合同约定的可能发生的事故因其发生所造成的财产损失承担赔偿保险金责任，或者当被保险人死亡、伤残、疾病，或者达到合同约定的年龄、期限等条件时承担给付保险金责任的商业保险行为。

在这里，明确说明了保险是合理合法的，并且是对社会有益的一种履约责任的商业合同行为。它是投保人与保险人在自愿的基础之上，以保险合同的方式建立起来的保险关系，对保险所约定的可能发生的事故并造成的财产损失和人员伤亡进行赔偿，都会受到合同条款的约束和保护。当然，这只适用于商业保险，社保及政策性保险并不适用。

解读三：第五条　保险活动当事人行使权利、履行义务应当遵循诚实信用原则。

作为保险当事人，应本着真诚善意的态度，讲诚信，讲信誉，行使我们的权利和履行我们的义务。保险活动当中的诚实信用原则（图9-8-2），是最大诚信原则，主要通过保险合同双方的诚信和义务来体现，具体包括投保人或被保险人的如实告知义务和保证义务，保险人的说明义务及弃权和禁止反言义务。

图 9-8-2　诚实信用原则

解读四：第九条　国务院保险监督管理机构依法对保险业实施监督管理。

国务院保险监督管理机构根据履行职责的需要设立派出机构。派出机构按照国务院保险监督管理机构的授权履行监督管理职责。

从这里可以看出，中国的保险公司是依法设立的，一个机构想要经营保险业务，想要卖保单给企业或者自然人，必须具备一定的资格，也就是我们常说的“牌照”，不仅必须持有银保监会批准的保险业务经营许可牌照，而且必须接受偿付能力监管。